全国中考语文现代文阅读

"热点作家"
经典作品精选集

试卷上的
作家

张国龙 / 主编

安徒生的孤独

安武林 / 著

延伸阅读　备战中考

适合考生进行语文阅读的散文集
走进语文之美，领略阅读精髓

初中版

丰富的阅读素材

从童年往事到世间百态
从青葱校园到异域风光
开阔视野，看见世界，提升写作能力和人文素养

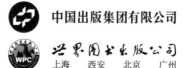

中国出版集团有限公司

世界图书出版公司

上海　西安　北京　广州

图书在版编目（CIP）数据

安徒生的孤独 / 安武林著. — 上海：上海世界图
书出版公司, 2023.10
（试卷上的作家 / 张国龙主编）
ISBN 978-7-5232-0237-1

Ⅰ.①安… Ⅱ.①安… Ⅲ.①阅读课－中学－教学参
考资料 Ⅳ.①G634.333

中国国家版本馆CIP数据核字（2023）第036691号

书　　名	安徒生的孤独
	Antusheng de Gudu
著　　者	安武林
责任编辑	石佳达
出版发行	上海世界图书出版公司
地　　址	上海市广中路 88 号 9-10 楼
邮　　编	200083
网　　址	http://www.wpcsh.com
经　　销	新华书店
印　　刷	三河市兴博印务有限公司
开　　本	700mm×1000mm　1/16
印　　张	14
字　　数	152 千字
版　　次	2023 年 10 月第 1 版　　2023 年 10 月第 1 次印刷
书　　号	ISBN 978-7-5232-0237-1/G·814
定　　价	39.80 元

总　序

情感和思想的写真

张国龙

和小说、诗歌等相比，散文与大众更为亲近。大多数人一生中或多或少会运用到散文，诸如，写作文、写信、写留言条等。和小说相比，散文大多篇幅不长，不需占用太多的读写时间；和诗歌相比，散文更为通俗易懂。一句话，散文具有草根性和平民性气质。

在中小学语文课本中，散文篇目体量最大。换句话说，散文是中小学语文教学不可或缺的资源。中学生所学的语文课文大多是散文；小学生初学写作文，散文便是最早的试验田。从某种意义上说，中小学作文教学就是散文教学，主要涉及记叙性散文、抒情性散文和议论性散文等。在中考、高考等各类考试中，作文的写作离不开这三类散文，甚至明确规定不可以写成诗歌。可见，散文这一文体在阅读和写作中占据了举足轻重的地位。

然而，散文作为一种"回忆性"文体，作者需要丰富的生活经历和厚重的人生体验。散文佳作，自然离不开情感的真挚性和思想的震撼性。因此，书写少年儿童生活和展现少年儿童心灵世界的散文，无外乎两类：一是成年作家回望童年和少年时光；二是少年儿童书写成长中的自己。这两类散文可统称为"少年儿童本位散文"。显而易见，前者数量更大，作品质量更高。事实上，还有相当一部分散文作品，虽然并非以少年儿童为本位，却能被少年儿童理解、接受，能够滋养少年儿童的心灵。

这套丛书遴选了众多散文名家，每人一部作品集。这些作家作品可以分作两类。一类是主要从事儿童文学创作的作家，基于少年儿童本位创作的散文。比如吴然的《白水台看云》、安武林的《安徒生的孤独》、林彦的《星星还在北方》、张国龙的《一里路需要走多久》。另一类是主要创作成人文学的作家，虽不是专为少年儿童创作，却能被少年儿童接受的散文。比如，刘心武的《起点之美》、韩小蕙的《目标始终如一》、刘庆邦的《端灯》、曹旭的《有温度的生活》、王兆胜的《阳光心房》、杨海蒂的《杂花生树》、乔叶的《鲜花课》、林夕的《从身边最近的地方寻找快乐》、辛茜的《鸟儿细语》、张丽钧的《心壤之上，万亩花开》、安宁的《一只蚂蚁爬过春天》、朱鸿的《高考作文的命题与散文写作》、梅洁的《楼兰的忧郁》、裘山山的《相亲相爱的水》、叶倾城的《用三十年等我自己长大》、简默的《指尖花田》、尹传红的《由雪引发的科学实验》。一方面，这些作家的作品皆适合少年儿童阅读；另一方面，这些作家的某些篇章曾出现在中小学生的语文试卷上。因此，可以称呼他们为"试卷上的作家"。

通观上述作家的散文集，无论是否以少年儿童为本位，都着力观照内心世界，抒发主体情思，崇尚真实、自由、率性的表达。

这些散文集涉及的题材多种多样，大致可分为如下三类。

其一，日常生活类。"叙事型"和"写景状物型"散文即是。铺写"我"童年、少年生活中真实的人、事、情、景。以记叙为主，抒情与议论点染其间。比如，刘庆邦的《十五岁的少年向往百草园》

以温润的笔触，描摹了"我"在 15 岁那年拜谒鲁迅故居的点点滴滴，展现了一个乡村少年对大文豪鲁迅先生的渴慕与敬仰。安武林的《黑豆里的母亲》用简约的文字，勾勒出母亲一生的困苦、卑微和坚忍，字里行间点染着悲悯与痛惜。

其二，情感类。通常所说的"抒情型"散文属此范畴，即由现实生活中的人、事、情、景引发的喜、怒、哀、乐等。以渲染"我"的主体情思为重心，人、事、情、景等是点燃内心真情实感的导火索。比如，梅洁的《童年旧事》饱蘸深情，铺叙了童年的"我"和同班同学阿三彼此的关心。一别数十载，重逢时已物人两非。曾经有着明亮单眼皮眼睛的阿三，已被岁月淘洗成"一个沉静而冷凝的男子汉"。"我"不由得轻喟，"成年的阿三不属于我的感情"。辛茜的《花生米》娓娓叙说了父亲为了让"我"能吃到珍贵的花生米，带"我"去朋友家做客，并让"我"独自留宿。一夜小别，父女似久别重逢。得知那家的阿姨并没有给"我"炸花生米吃，父亲欲说还休。而多年之后的"我"，回忆起这件事仍旧如鲠在喉。

其三，性情类。"独白型"散文即是。心灵世界辽阔无边，充满了芜杂的景观。事实上，我们往往只能抵达心灵九重天的一隅。在心灵的迷宫中，有多少隐秘、幽微的意识浪花被我们忽略？外部世界再大也总会有边际，心灵世界之大却无法准确找到疆界，如同深邃莫测的时光隧道。每天一睁眼，意识就开始流动、发散，我们是否能够把内心的律动细致入微地记录下来？这必定是高难度写作。如果我们追问个体生命的具体存在状态，每一天的意识流动无疑就是我们存在的最好确证。比如，曹旭的《梦雨》惜字如金，将人的形象和物的意象有机相融，把女性和江南相连缀，物我同一。

尤其是把雨比喻成女孩，"第一次见面，你甚至不必下，我的池塘里已布满你透明的韵律"，空灵、曼妙，蕴藉了唐诗宋词的意味。乔叶的《我是一片瓦》由乡村习见的"瓦"浮想联翩，岁月倥偬，"瓦"已凝结成意象，沉入"我"的血脉，伴随我到天南海北。"瓦"是"我"写作的情结，更是另一个"我"。杨海蒂的《我去地坛，只为能与他相遇》，"我"因为喜欢史铁生的《我与地坛》而一次次去地坛，真真切切地感受史铁生的轮椅和笔触曾触摸过的一草一木。字里行间，漫溢出一个人对另一个人的体恤与爱怜、一个作家对另一个作家的仰望与珍视。或者说，一个作家文字里流淌的真性情，激活了另一个作家的率性和坦荡。

不管是铺写日常生活、表达真挚情感，还是展现率真性情，上述作品大体具有如下审美特征。

其一，真实性。从艺术表现的特质看，散文是最具"个人性"的文体，一切从自我出发。或者说，散文就是写作者的"自叙传"和"内心独白"。这就决定了散文的内容，其人、事、情、景等皆具有真实性，甚至可以一一还原。当然，真实性在散文中呈现的状态是开放、多元的，与虚假、虚构相对抗，尤其体现在表象的真实和心理的真实。不管是客观、物化的真实，还是主观、抽象的心理真实，只要是因"我"的情感涌动而吟唱出的"心底的歌"，就无碍于散文的"真"。散文的真实，大多体现为客观的真实，即"我"亲历（耳闻目睹），"我"所叙述的"场景"实实在在发生过，甚至可以找到见证人。对事件的讲述甚至具有纪实性，与事件相关的人甚至可以与"我"生活中的某人对号入座。叙写的逻辑顺序为："我"看见＋"我"听见＋"我"想到，即"我"的所见、所闻和所感，且多采取"叙述＋抒情＋议论"的表现方式。比如，林彦的《夜别枫桥》，少年的"我"先是遭遇父母离异，而后因病休学，独自客居苏州。那座始终沉默无语的枫桥，见证了"我"在苏州的数百个日日夜夜。那些萍水相逢的过客，却给予了"我"终生铭记的真情。

其二，美文性。少年儿童散文通常用美的文字，再现美的生活，营造美的意境，表现美好的人情、人性和人格，是真正的"美文"。比如，吴然的《樱花信》，语言叮当如环佩，景物描写美轮美奂，读来令人神清气爽，齿唇留香。"阳光是那样柔和亮丽，薄薄的，嫩嫩的，从花枝花簇间摇落下来，一晃一晃地偷看我给你写信……饱满的花瓣，那么嫩那么丰润，似乎那绯红的汁液就要滴下来了，滴在我的信笺上了。你尽可以想象此刻圆通山的美丽。空气是清澈的，在一缕淡淡的通明的浅红中，弥漫着花的芬芳……昆明人都来看樱花，都来拜访樱花了！谁要是错过了这个芬芳绚丽的节日，谁都会遗憾，都会觉得生活中缺少了一种情调，一种明亮与温馨……"安宁的《流浪的野草》，文字素面朝天、洗尽铅华，彰显了空灵、曼妙、清丽的情思。"燕麦在高高的坡上，像一株柔弱的树苗，站在风里，注视着我们的村庄。有时，她也会背转过身去，朝着远方眺望。我猜那里是她即将前往的地方。远方有什么呢，除了大片大片的田地，或者蜿蜒曲折的河流，我完全想象不出。"

其三，趣味性。少年儿童生活色彩斑斓，充满了童真、童趣。少年儿童散文不论是写人、记事，还是抒情、言志，皆注重生动活泼、趣味盎然。与此同时，人生中的诸多真谛自然而然地流淌于字里行间，从而使文章具有超越生活的理趣，既提升了文章的境界，又能陶冶阅读者的性情。比如，王兆胜的《名人的胡须》，用瀑布、白云、大扫帚、括弧、燕子等各种事物类比各个名人各具特色的胡须。稀松平常的胡须看似可有可无，却有着不同寻常的意义。古今中外名人与胡须的轶事，读来令人莞尔，幽默、风趣的笔调里蕴涵着举重若轻的哲理。张丽钧的《兰花开了18朵》，"我"时常和蝴蝶兰说话，如母亲的斥责，似闺蜜的呢喃，像恋人的娇嗔，满满的人间情怀里渗透着天然的机趣。"我家这株蝴蝶兰，真真是个慢性子——一簇花，耗费了整整66天的时间，才算是开妥了。从2月24日到5月1日，总共开了18朵花，平均3.67天开一朵。我跟她说：'亲呀亲，你可是我拉扯大的呀，咋这脾性半点儿都不随我呢？这么慢条斯理地开，你是打算把全部春光都占尽了吗？'"

散文创作通常与作者的亲身经历密切相关，尤其注重展现真性情。因此，散文抒写的往往是个人的心灵史和情感史。这些散文作品不单是中学生写作的范本，还是教导中学生为人处世的良师益友！

2022年10月18日
于北京师范大学

序　言

等得了悠闲，也要说说武林

曹文轩

和武林来往多年，我对武林从不设防——这样的朋友并不多。我对他的信任几乎是彻底的。别看他平时哇啦哇啦，人没到，三里地就听到他大声喧哗，可我们私下里说的一些话，他却从来默不作声、守口如瓶。多少年来，他其实一直明里暗里在保护着我。对朋友这么毫无遮挡地来往着，这么记挂着对方，这么珍惜友谊，是因为我了解他，他也了解我。

因为如此，我在武林面前是自由的，是没有任何虚头巴脑的客套和忧心忡忡的顾忌的。我很愿意本真地面对这位整个看上去与我的风格大相径庭的山西运城人。也因为如此，他可能比其他朋友知道我，以及我生活中更多的东西。于是，他将这些东西写成了一篇一篇的小文章。几年过去，这些小文章凑在一起，就出来一个与公众心目中可能不太一样的曹文轩——一个更鲜活、更生活、更质感的曹文轩。其中一些细节，也许是他记忆有误，也许是他"合理"的联想，虽然不够准确，但大体上就是这样的。

武林的文章帮我更生动地认识了我自己。看他的这些文章，有时我也会在片刻之间忘记那是写我的，全当成了他在说别人，看着看着笑起来。笑了一阵，又忽然想起这家伙是在写我，于是又换了另一番心境。看着他的文字，我有时会在心里发一声感叹：我这个人也是活生生的嘛！

有来无往非礼也！看着这一篇篇文章，我想：等我哪一天得了悠闲，我也要写上几十篇小文章说说他。能说他的绝不比他能说我的少。屈指一数，至少有这样一些话题：

武林是一个爱书如命的人。

在我们这些人里头，藏书最多的要算是武林。他的一大爱好就是满世界淘书。他淘书也许没有什么讲究和格调，见书就淘，不论是否值得一淘，只要是自己觉得应当拥有的就淘。淘得之后，他也不仅仅自己收藏，还会分送别人。我一直就是他的受书之人。当然，他也会时不时地直接打开我的书柜淘书，呵呵笑着问一声"这本书能否送我"，未等我回答，他差不多也就认定那本书就已经属于他了。我从他那里还真的得到过几本很不错的书。而最珍贵的一本却是我的一部早期写的但在我自己的书柜中与记忆中早就不存在的长篇小说。此书的名字叫《没有角的牛》。武林不仅是淘书之人，也是读书之人。我几次在朋友圈里说过，武林是我们中间最爱读书、读了很多书的人。

武林是一个粗中有细的人。

在一般人眼里，武林也许是个粗人。这是一个不知道丢失了多少个手机的人，丢失了多少个打火机的人，丢失了多少……有时我在想，这个人也许哪一天会丢失了自己而到处去找：见到过安武林吗？逢人就问。还有，他总是很粗心大意地穿他的衣服。不是显得偏大，就是显得过小。偏大时，因他本就有点儿发福，再一穿偏大的衣服，走在路上，就会让人想到一个成语：横行霸道。过小时，让人担忧他开怀一笑时，我们可能会同时听到纽扣纷纷滚落在地的声音。但就这个人，却是我几十年交往中难得见到的一个心细的人。他能极其敏感地知道他人对他的冷暖，也能根据亲疏很有分寸地还他人以冷暖。大事上，他很少犯错误；面对男女老少，他知道轻重缓急，一丝不苟，礼数周全；对周遭一切，他都有很准确的判断，并且非常快速。他从遥远的地方一步一步走到熙熙攘攘、人头攒动的京城，步步惊心，也步步正确。当然，最根本的也许并不是他的心细，而是他怀揣一方可以走遍天下的通行证：坦诚相见。

武林是一个有原则的人。

武林平日里嘻嘻哈哈，一团和气。他很少恨一个人，恨了，放在嘴上说说，也就不恨了。我们之间可以说是无话不说，但很少听到他去贬损一个人，更难见到他刻薄地贬损一个人。他的这种与任何人来往都可以、都可以做到如鱼得水的全天候关系学，会让人有一种担忧：这个人似乎是没有原则的。交往过程中，我的印象是，他总是在帮助别人办事。我不知因他所求为他人签了多少次名，但我发现，这些人中间，三教九流都有（却很少有权贵之人）。我就在想：这个武林，无论何人，都是有求必应，竟一点儿选择没有，什么人吗！还有，去外地做活动，他对对方是没有任何要求的，重视或敷衍，苦了、累了，都没有反应，态度——没有，总是哈哈乐着，因此，人家就很喜欢请他，觉得这个人好伺候。可是我知道，武林其实是一个极其讲原则的人。关键时刻，关键问题，他比一般朋友更见友情。当朋友遭到恶意攻击，其他朋友因怕麻烦而一时不能出手相助时，他却能不假思索，挺身而出，义正词严地表明态度。真的不客气！他有他的底线，而这底线是神圣不可侵犯的。那时，你就会停下来细细玩味他的名字：武林。

在写作上，安武林是一个鬼才。所谓鬼才是指出人意料，在不可为之处而可为。我偏向于鬼才，尤其是文学这一块。文学需要的不是人杰，而是鬼才。说实在话，文学创作没有一点儿鬼才大概是不行的。得天下者都得有一点儿鬼才。我非常喜欢安武林作品的一些句子，"这个可怜的家伙死了，是被一滴露珠扎死的""虫子说，我们聊着聊着，天就黑了。知了说，我们唱着唱着，夏天就终止了。礼花说，我们跳着跳着，就找不到舞台了"。安武林一人几乎把握所有的体裁，如果按最好、好来排定，我以为可以这样来排次序——散文、童话、小说。我为什么没有说他的诗？那是因为他所有的作品几乎都是诗，或者说都具有诗性。记得有次参加安武林研讨会的时候我说过一句话：今天的会其实不用大家都发言，只金波先生的一句话就够了——金波先生说："祝愿武林从诗出发，回归于诗。"诗有意境，这一点与童话、散文相通。还有诗是抒情的，格调雅致的抒情。所以说安武林的各路文字都是诗性的。

武林可说道之处很多。日后，若有一本我写他的书，与他写我的书放在一起，也许是一件很有趣的事情。

書　评

散文：走向未来的文学创作

李利芳

安武林最早是写诗歌的。他以诗步入文学的殿堂。散文创作是安武林情感的另一种延续与表达。较之诗歌，散文在艺术形式上具有更大的自由度，一定的文字容量与连续的线性的文字铺排方式保证了作者更从容地抒情与叙事。散文文体的灵魂在"神"不在"形"，正是"形"的随意自如使得散文通常成为作者心灵小憩的驿站。在操作其他文体的间隙，作者有时会放松自己，信笔写一些散文，直抒胸臆，文字的情感与思想均指向自身。所以很多时候，散文可以成为考察作者自己的"真实"情状的"文献资料库"。因为散文通常是直接铺陈，非虚构创作，文本叙述者、抒情者与作者同一。因此，对于那些操作多种文体写作的作家来说，我们可以通过几种文体的对比互证来更全面见出这个作家的艺术风格与精神气质。

安武林散文写作的题材与立意也有几个向度。其一依然是写自然。这部分作品的量很大，语言纯美、情感饱满，外在形式很像散文诗。是散文，也是诗。很充分地体现出他在诗歌领域还不能尽兴表达的迹象，只能通过散文的扩容来透彻抒写他对自然的高度审美感受。

以哲思性的随笔文字表达自我对人生诸种命题的思考，是安武林散文写作的第二向度。这其中"爱"的主题是安武林思考最多的。安武林对爱的理解与思考是有其深切感受与深刻认同的。爱是世间永恒的主题。对文学来说，爱更是其文学生命的灵魂。文学是爱的文学。对爱没有强烈感受与自觉思考的人是不适合从事文学写作的。安武林在哲思性散文中对爱的书写是理性的，与他在其他文体中的感性书写遥相呼应，共同绘就了他大爱的文学胸怀。

除去爱，安武林另一个哲思主题是幻想。这是他提供给读者的与爱并行的另一种精神能量。他将幻想称为是"遥远的快乐"。他说，幻想是人生的灯塔，总使人在绝望之时又觉得柳暗花明。人生因幻想而美丽，人生因期待而充实。我快乐，是因为我喜欢幻想。安武林阐述的这个命题命中了文学的思想核心。

对故土与家园中亲人的思念与怀恋是安武林散文的第三大向度，这与他这一方面的诗歌主题是一脉相承的。与诗歌有所区别的是，散文给了作家叙事与描述的空间，允许他能用文字记录与素描乡土童年记忆中一些难忘的人与事。这些情景与故事深深地刻印在安武林的心灵底片上，令他难以忘却。这些童年经验都已经成为历史了，生活在今天都市中的孩子很难理解与想象它们，它们是祖辈或父辈的乡土童年。作家真诚地用文字与情感作了回忆，保留了它们的轮廓与价值内核，让历史保存了下来。

安武林从小就爱读书。读书的经历与体验贯通了他的童年、少年、成年。他有大量的散文是写读书的，真实记录了他的阅读生涯与他的思想轨迹。写作与读书关系密不可分，大量的阅读为他提供了源源不断的创作资源与艺术灵感，使他成为有知识广度与思想厚度的文学作家，这为他文学创作的可持续发展奠定了坚实的根基，相信他以后会有更多的文学精品。

目录 CATALOGUE

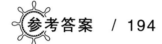

试卷作家
真题回顾

丑　婆

①丑婆家的朱漆大门，一年四季都紧紧关着，高高的院墙内，住着无儿无女没有亲人的丑婆。听大人们形容丑婆：矮小，小脚，一脸的麻子，眼睛是一条很小的缝，眼球根本看不见东西，嘴脸的形状和原始人差不多。

②平日里，丑婆的传说村里经常有，我们这些孩子像听鬼怪故事一样，怀着既兴奋又惧怕的心情，渴望多知道一些有关丑婆的一些事情。听得多了，我们把丑婆当成了恐吓女孩子的借口。黄昏时分，我们几个淘气的男孩子，故意躲在暗处，看见胆小的女孩子走来，就出其不意拉长腔调说：我是丑婆，小丫头，让我亲亲你。那些女孩子保准吓得哭鼻子，而我们在背后哈哈大笑。

③我们故意吓唬女孩子，其实我们心里也很虚。若是有人像我们一样，在背后给我们来一家伙，没准儿我们也是丑态百出。有几次，我们几个胆大的男孩轻手轻脚走到丑婆的门前，趴在门缝上向里瞧。丑婆的门正对着一堵剥落的照壁，里面什么都看不见。可我们却得意非凡，像玩打仗的游戏得胜了一样，雄赳赳气昂昂回家了。

④第二天，我们再向其他同学吹嘘。啊，我看见了丑婆。丑婆还冲我乐呢。丑婆还同我说了话。丑婆还邀请我去她家玩。我们各自发挥自己的想象力，绘声绘色地描绘丑婆的形象和神态，以及各

种细节。我们所说的，不外乎还是大人们常常形容的那样子。尽管这样，其他的同学还是伸长脖子，支棱着耳朵，羡慕地听我们讲丑婆的故事。

⑤我们都没有见过丑婆，却知道她很丑很可怕，和一个怪物差不多。丑婆很少在村里走动，所以愈发显得神秘。据我母亲讲，丑婆是害怕把孩子吓着，所以她一般在黑夜里走动。到晚上，我们这些孩子就不敢出门了，老老实实地待在父母的身边，真怕晚上会和丑婆偶尔撞上。

⑥桑葚熟了的时候，我的一个远房亲戚照例会送来肥嘟嘟的桑葚。一年一度从不间断。我很奇怪，我的远房亲戚总是趁我不在家的时候送桑葚来。有一次，我实在忍不住了便去问母亲，何时去看看远方的亲戚。母亲搪塞说，路很远很远，你走不动。再远，也应该去看看呀。人家那么大老远能给我送桑葚来，你们就不能带我去看看人家。母亲的脸一阵红一阵白，但不对我正面的指责做出解释和答复，好像她有难言之隐。

⑦一天晚上，我正睡得迷糊，突然被一阵剧烈的争吵惊醒了。爸爸说："孩子大了，咱们不能永远瞒着他，再说，这太不公平了。"母亲哽咽着说："我不是担心咱们的孩子吗？"爸爸说："丑婆刚刚来过，你没看见她的神态吗？她多想看看咱们的孩子，多想亲手抚摸一下咱们孩子的脸。可是她没有，她觉得不配，她害怕弄醒孩子，更怕惊吓着孩子。你认为村里的路好走吗？黑灯瞎火的，丑婆还是一对小脚。"母亲不再吱声，显然她被爸爸说服了。

⑧爸爸和缓了一下语气，接着又说："孩子每年都吃着丑婆的桑葚，享受着她的爱，我们却不敢向孩子坦白，至少，我们的孩子

应该当面谢谢人家才对。咱家的杏子不是熟了吗？挑些个大熟透的，让孩子给丑婆送去。"

⑨啊，是丑婆？我惊讶地张大了嘴巴，差点没喊出声来。丑婆刚刚还来过，我在睡梦中的时候她来过了。我很懊悔，没能偷偷看一眼丑婆。她家有一株硕大的桑葚树，我们品尝着桑葚的甜蜜。<u>我们这些孩子都是树上的小鸟，丑婆就是生长着快乐的大树！</u>

⑩父母吹灭了灯，他们休息了。他们商定好了明天由我去送杏子给丑婆。

⑪那一夜，我失眠了，翻来覆去想着丑婆……

⑫天亮了，我捧着杏子来到丑婆家的朱漆大门前，口中念念有词：丑婆，丑婆，我给你送杏子来了，请你开门。我的声音没有走调。我不害怕！

（有删改）

（2020—2021 学年河南省南阳市社旗县七年级上学期期末语文试卷）

▶试 题

1. 阅读文章，摘录文中表明事情发展的时间，概括事件及"我"不同阶段的心理，填写下表。（4分）

时间	事件	心理
平日里	听丑婆的传闻	①
②	③	惊讶、懊悔
天亮了	④	不害怕

2.仿照第⑨自然段画线句，在横线处补写合适的内容。（2分）

我们这些孩子都是①_____，丑婆你就是②_____！

3.第⑪段写"那一夜，我失眠了，翻来覆去想着丑婆……"请结合上下文，合理想象，补写此刻"我"的心理活动。（4分）

_____

_____

_____

4.阅读全文，你认为文中的丑婆丑吗？结合文章内容，谈谈你的理解。（4分）

_____

_____

_____

安徒生的孤独

🌷 心灵寄语

天才往往是孤独的，强烈的孤独让安徒生一生都沉浸在幻想之中，这也让他成功构筑了充满欢声笑语的童话世界。

安徒生是一个孤独的人，非常强烈的孤独。

这份深刻的孤独，是列夫·托尔斯泰用慧眼解读出来的。有一次，高尔基去拜访托尔斯泰，托尔斯泰问高尔基："你读过安徒生的作品吗？"高尔基说："没有。"托尔斯泰说："半年之前，我读安徒生的作品，没有读懂。半年之后，我重读，这一次我读懂了。安徒生很孤独，强烈的孤独。"

伟大的作品，需要伟大的读者来解读。这也是意大利作家卡尔维诺对经典的一种评价：经典在于重读。大凡说来，经典作品都是从作家的血液中流淌出来的，蕴含着作者的灵魂、血脉，甚至整个生命。

安徒生一生都沉浸在幻想之中，他在现实之中是孤独的。无论是他个人的自传，还是别人给他写的传记，我们都会发现，安徒生没有一个始终如一的朋友。即便有那么几个，最终也都弃他而去。

狄更斯是喜欢他的，本来他们可以成为很好的朋友，但安徒生在狄更斯家住了整整五个星期，狄更斯不得不下逐客令赶走安徒生。瑞典夜莺林德，是安徒生深爱的一个女性。尽管林德没有接纳安徒生的爱，但却把安徒生当作一个很好的朋友。他们的友谊的确维系了那么几年，最终，林德匆匆地写下了"再见"两个字，也弃他而去。

安徒生一米八五的个子，但他的内心却很脆弱、敏感、柔弱，是一个不太自信的男人。尽管他才华横溢，但他的心灵和人格有很大的缺陷。安徒生渴望功名，希望改变卑微的身份，想当演员，想当诗人，很可惜都没有获得成功。意外地，他靠着童话而扬名天下。与其说这是一个巨大的成功，不如说是一个巨大的尴尬。他不能忍受他的童话是写给孩子们的这一认识和评价，他也不喜欢什么孩子。

安徒生出身卑微，父亲是鞋匠，母亲是洗衣匠。他童年的经历，包括求学，都是在苦难和贫困中度过的，或者说是在屈辱中度过的。安徒生是个情感丰富的人，很具有艺术家的气质。所以，他的异想天开很难让别人理解和接受。安徒生动不动就抹眼泪，就哭，这个习惯从小保持到晚年。他终身都沉浸在自己的感受和自己的幻想之中。

这个世界与他是格格不入的，他也不曾尝试着与这个世界建立亲密的关系。对于安徒生而言，他生活在别处，生活在自己的幻想之中，所以他从不去总结自己在现实中失败的原因，而去改善与现实世界的关系。故，他只能处处遭遇失败，只能沮丧。相反，这份现实世界的挫折，却更强化了他在幻想世界生活的信念。这是很多天才——像他这样的天才——共同的遭遇，最终，他们获得了巨大的成功。

成功并不都是甜蜜的，成功并不都能遮蔽那份强烈的孤独。

精彩
——赏析——

　　安徒生，为什么会拥有强烈的孤独感？这与他的经历、性格和身世密切相关。从经历来看，他屡次被朋友抛弃，从没有过一个始终如一的朋友；从性格来看，他的内心脆弱敏感、柔弱自卑；从身世来看，他出身卑微，在苦难和贫困中长大。因此他只能靠幻想来抵御现实世界的孤独，在幻想世界中找到寄托自己心灵的港湾。作者用细腻的笔触剖析安徒生的情感，为我们塑造出了一个成功背后的孤独者形象，让我们对安徒生的了解更深刻、更全面。

丁梅芳老师

🌸 **心灵寄语**

> 师恩如山，高山巍峨，使人景仰；师恩似海，大海浩瀚，使人崇敬；师恩如日月，润物无声，使人铭记在心、难以忘怀。

20 世纪 70 年代初，我开始上小学。

我们的村子是小镇镇政府的所在地，小学坐落在村子的西头。可能是学校的条件有限吧，我就读的小学一年级，却在村子里的南头。那是一个临时的场所，四合院，青砖和青石铺就的地面，显得豪华气派，却似乎又弥漫着忧伤和幽怨的破败气息。我们小学都是两个班级，一个甲班，一个乙班，班级是按照生产队的归属划分的。1—6 生产队村民的子女是甲班，7—12 生产队村民的子女是乙班。整个小学阶段都是这样按部就班递升的。

一上二年级，我们就搬回到了小学的本部。小学在村子的最西头，我的家在村子的最东头。一条宽阔的东西走向的土路是这个小镇和这个村子的主干道。在主干道的两旁，是两排高大粗壮的白杨树，直插云天。太阳光一照，白杨树的树干银光闪闪，好像给这个古老的小镇镀上了一层银似的。我们的小村给人的感觉就是这样：

古老、祥和、贫困，但又不乏幸福和快乐。

很有意思的是，我们上了三年级，不过是从二年级的教室搬到了对面三年级的教室里，而且是一年比一年的教室漂亮，桌椅板凳都比以前要新得多。我们相对的两个教室的距离，和乡村家庭里的院子差不多，咫尺之遥。中间有一条人工小渠，从我们二、三、四年级的教室底下穿过。那是为了解决灌溉问题，村子里规划的一条小渠，从村外穿过我们的校园，又延伸到田野之中。奇怪的是，这条小渠也就流过一两年的水，之后便永远地干涸了，像是一条被遗弃的破旧的绳子。

有一天，上课铃刚响。学校的教导主任带着一个年轻姑娘走进了我们的教室。教导主任是矮个子，讲起话来左右摇摆，手舞足蹈，表情特别丰富，活像一只正在游泳的青蛙。我们所有人的目光顿时集中在他旁边的姑娘身上。教导主任的话虚无缥缈，因为我和全班同学的注意力都转移了，但是，我听明白了。这位年轻的姑娘是北京的插队知识青年，将要做我们的班主任。我们村子里来了几十个北京的插队知识青年，村子里的人都知道。偶尔，我也会在街道上碰见他们。他们三三两两地从街道上走过，格外引人注目。无论他们说话，走路，还是服饰，都显得那样与众不同。他们是城里人，大城市来的。

我很兴奋，如此近距离、长时间地盯着北京知识青年看，是第一次啊。

她叫丁梅芳。

她中等身材，很苗条，额前飘荡着丝丝柔软的头发，发黄。手很白皙，腿显得细长。她穿的是绿色的军装，裤子是警蓝色的。那是那个年代最流行的色彩，也是最时尚的服装。后来，她也穿帆布做的上衣或者裤子，但都很干净，洗得发白。她的眼睛是细长型的，一笑就眯上了。我发现她的鼻子下面人中穴中间的凹槽比一般人要深一些，如果角度适合，她鼻尖的影子都会落在凹槽中间。她的耳朵旁是两条麻花辫子，脑袋转动的时候，辫子就会欢快地摆动。她的两颗门牙洁白，如雪一般，犹如她的名片一样。无论多么严肃，她的牙齿都会暴露她内心的秘密。她的心灵里肯定藏着一条快乐的小河，里面常有浪花在唱歌。

丁梅芳老师一开口说话，我们大家都笑了。她的声音是嘎嘣脆的京腔。看样子，她是老北京人。她的声音像是京剧的敲板声一样，吧嗒吧嗒格外响亮。当她念数字一个两个三个的时候，后面的两个数发的是北京的方言音。我们跟着她念，读一样的音。她顿时就笑了，笑得满脸通红。她大声说："不要跟着我学啊，按你们原来的音读，我跟着你们学。"我们都一起哈哈大笑，觉得特别有趣，特别好玩。

我这个人特别傻，非常容易轻信别人，所以常常是同学捉弄的对象。别人做了坏事，总是能全身而退。而我，呆头呆脑，总是代人受过的对象。不知道是谁发明的一个恶作剧，把一块砖垫在下面，上面加一块木板，木板的前面放上一些土灰什么的，故意让你看木板，然后恶作剧者一踩木板，土灰就漫天飞扬，喷得观看者满脸都是。大概是大家看了《地雷战》的黑白电影，才发明的这个游戏吧。其实，这也可以叫作踩地雷。下课的时候，我被同学害了一次。我把脸上的土灰擦干净，想如法炮制，戏弄一下别的同学。谁知道，没有一个人上当。我大声喊啊，兴奋地嚷嚷着。不料，丁梅芳老师悄悄走进了教室，大家都看见了，唯独我一个不知道，因为丁老师是从我背后进来的。

突然，我的肩膀被人轻轻地拍了一下。我回头一看，吓傻了。

丁老师似笑非笑地问我："你在这儿干吗呢？"

我目瞪口呆，急得额头上都冒出汗来了。

类似的窘事，从童年到成人之后，我遭遇的次数不胜枚举。可能是我的秉性如此吧。与生俱来的东西，改掉不易。

我记不得丁梅芳那个时候年龄有多大，大约超不过二十岁吧。风华正茂，浑身上下洋溢着青春的气息。我不知道她是多少个男生心目中的偶像，至少在我心里是。我甚至在心里梦想着，长大后把她娶了当媳妇儿。可是，后来她批评我的时候，用手指戳我的额头，就像是不停地在我额头上摁手印一样，让我心里恼火异常。将来娶她当媳妇儿的事儿算了，这么厉害。这算是我小小年纪一个难以启齿的秘密吧。不过，她批评我，很严厉，很生气，原因却全部在我，因为我骗我爷爷说要买学习本，结果却把这个钱买甜心烧饼吃了。她很生气我的欺骗行为，觉得我一点儿也不体谅家里大人的辛苦。

她对任何同学都没有偏见，也不歧视任何一个同学。无论是家境贫困的，还是生理有残缺的。她批评任何一个学生，都是就事论事。

记得有一个星期天，我和另一个同学到大队的知青院里玩耍。大队的知青院是大队部所在地，和露天的舞台仅一墙之隔。恰巧，被她发现了。

她对我们说："你们等一下，我送你们一人一样礼物。"

不大一会儿，她从房间里走了出来。一手拿着一本厚厚的书，一手拿着一大把糖。她说："你们选吧！"

我看见花花绿绿的糖，眼睛顿时就亮了。小时候，我只吃过水果糖。这种高级的糖，大概是她从北京带来的。我想要糖！但我犹豫了一下，也就两三秒。我怕她说我是贪吃鬼。也就这两三秒，只见我的同学快步跑上去，一把就把老师手里的糖抢到手了。同学转身想走，被丁老师大喝一声喊住了。她说："把你手里的糖，给安武林同学分一些。"我的同学很小气，只分了我一块糖，他把糖往我手心里一塞，撒脚丫子跑了。

这是一本厚厚的书，像砖头一样厚。长篇小说，《海岛女民兵》。这本书犹如灯塔一样，照亮了我。我的阅读热情，阅读兴趣，都被点燃了。我感觉自己就像掉进了阿里巴巴的山洞一样。在此之前，我是没有读过课外书的，尤其是文学类的图书。

在那个封闭的小村，在那些贫瘠的岁月里，我的想象力是贫乏的。而这本书，帮我打开了阅读的大门，放飞了我的想象力。我好像从一个狭小的世界进入了另一个广阔无边的世界。而每一本书，都像是一个神奇又美丽的新世界。

丁梅芳老师是不知道的。她不知道这本书犹如一粒小小的种子，播撒在我的心里了。她更没有想到，这一本书，改变了我的人生。多年以后，我在电话里提到这件事的时候，她一点儿也不记得了。她对我的印象以及送我书的事，都是一片模糊。这可能就是教师这个职业的特点吧。她仅仅带了我们一年，可能和时间短也有关系。我和我小学的同学谈起这件事的时候，那个要糖的同学也不记得此事了。

每一个人有每一个人的人生轨迹吧。我们所能记住的，都是和自己有关的、重要的点点滴滴。尤其是这种影响一个人的人生的重大事件（对他人来说可能是微不足道的）。

多年后，当很多中小学生问我什么是真正的好书的时候，我就说，那种真正的好书一个人一生只能遇到一本或者两本，能影响一个人或者改变一个人的宗教、信仰、理想、人生、职业等方面的书，才是真正意义上的好书。

多年后，我得知丁梅芳老师并没有返京，而是留在了太原，成了家，退了休。

她的人生也是一本书。

精彩赏析

"她穿的是绿色的军装，裤子是警蓝色的。那是那个年代最流行的色彩，也是最时尚的服装。""她的声音像是京剧的敲板声一样，吧嗒吧嗒格外响亮。"文章多处运用外貌描写刻画人物形象，观察细致，描绘出丁梅芳老师北京知识青年的特征。这位老师是作者的恩师，她一个不经意的举动在作者的心中播撒了小小的种子，后来产生了深远的影响。"她更没有想到，这一本书，改变了我的人生。"正是这一本意义非凡的书，让作者受到了文学启蒙，开启了与书为伴的精彩人生。

那一记响亮的耳光

🌷 **心灵寄语**

> 一记响亮的耳光蕴含着数不尽的温情，打在"我"的脸上，痛在老师的心里。

夏天总是充满诱惑的，而对于生在乡下的男孩子来说，最大的诱惑就是在水库里面游泳了。暑假来临，我有时候一个人，有时候和朋友一起，跑去水库里面泡上一两个小时。年少无知，自己痛快的时候，并不知道许多人是担惊受怕的。那一年，我还在上小学，因为去游泳的缘故，被我的老师狠狠地打了一记响亮的耳光。

那一年，我上小学六年级。我的班主任叫牛凤珍。牛老师是中条山有色金属公司的插队知青。当时，那个很大的公司叫十二冶，具体的名称我并不晓得。

牛凤珍老师个子很娇小，似乎一件军用大衣就可以把她包裹得严严实实的。她长了一副娃娃脸，脸圆圆的，而且是好看的双眼皮。她一笑，格外的迷人，如果说别人的笑是一个笑的话，她的笑就等于两个笑。她的手指也是圆圆的，手背上有小小的肉涡。如果我没有挨那一记响亮的耳光的话，我是不会观察那么详细的。她的脑袋很圆，用皮筋给头发扎了两个小刷子。我记得她喜欢穿一件黄里泛白的灯芯绒上衣，似乎那每一个深深的条纹里面都写着她的青春故事，都写着她的美丽往事。

牛凤珍老师很少发火，但一发火，冷若冰霜、面色铁青，人也似乎老了好几岁。我现在也想不明白，她很少发火是因为她的仁慈和宽容，还是因为她怕衰老。

那一年的麦收时节，艳阳高照。知了都热得不愿意唱歌了。村子里面到处都是大幅的标语，什么"大干红五月"，什么"龙口夺食"，其实意思只有一个：快快把地里的小麦收回来。万一下一场大雨，很多小麦会坏在地里的。村子里面很少能看见人影，都在田野里面忙碌。只有悠闲的猫啊，狗啊，鸡呀，猪呀，慢悠悠地在马路上溜达，显得很有闲情逸致的样子。

我们接到学校的通知，去支援农民伯伯麦收。而学校，一般是接到了政府的通知。长大了，我都没搞明白，我们这些农村的孩子，各回各家不就完事了嘛，何必还要组织什么集体行动，好像把自己搞得像城里的人不远万里来到乡下支援农民夏收的样子。我们班去的地方，是我们十二生产小队，邻近水库的地方。我很兴奋。那时虽然只上小学六年级，但我已经有了两年的泳龄了。我们那个地方的水库，宽不过一二丈，长不过五六丈，我们并不叫水库，而叫深井。估计当时是想打井的，由于这样或者那样的原因，最后变成了现在的样子。就因为这是深井，是泉水，所以水很清、很凉爽。

我平时游泳，都是偷偷摸摸的。因为爷爷脾气很刚烈，家法甚严，我吃过不少苦头。最惨的一次，是爷爷在另一个水库边找我，被我同学发现了，我同学惊慌地对我说："武林，你爷爷来了！"

吓得我赶紧躲进荷叶丛中，当爷爷走了，我才敢钻出来。但我发现，爷爷把我的裤子和上衣都抱回家了。这一招够绝的。我只好趁中午吃饭的时候，路上没有行人，然后折一柄荷叶往肚子下面一挡，贴着墙根偷偷溜回了家里。而这一次，是全班同学捡麦子，我可以名正言顺地去游泳了。

到了离水库很近的一棵大柳树下，牛老师宣布了纪律，任何人都不能游泳。听到哨子声，统一在这里集合，然后回学校。我当时心里一沉，这个牛老师好像我们肚子里的蛔虫一样，提前知道了我们小小的心思。捡麦子不是割麦子，不必要集中，所以大家像小麻雀一样分散在麦地的各处。而我则和几个要好的同学结成了一群。麦地在高处，往旁边一看，水库里的情景便尽收眼底。水里的扑通声听得见；就是有几个人在里面游泳，也数得清。麦地里没有树，尽是被收割后的麦茬。所以，太阳就像一个大烙铁一样，狠狠地把它的热量烙在每个人的身上。

不一会儿，我们就热得受不了了，汗珠直淌，眼睛都睁不开了。我提议去游泳，没想到大家都不敢响应。其中有一个同学说：“你要是敢带头，我就敢去！”这几个人都看着我，随声附和。我说：“走，我带头，牛老师不一定能发现！”

这一下水，可不得了，真像是鱼儿放进了水里。我的潜泳很蹩脚，其余的游泳姿势我都会。我一会儿狗刨，一会儿仰泳，一会儿双手抱着双臂看着阳光，用两只脚游，一会儿自由泳。在水里面，不是白花花的小肚皮，就是湿漉漉的小脑袋，在晃。我们游来游去，什么都忘记了。突然，一个同学慌慌张张来了，喊：“快快快，牛老师让我们集合！”我们几个谁也不管谁了，穿上衣服撒腿就往大柳树下跑。到了柳树下，我才发现，全班同学都已经在这里了。牛老师气呼呼地来回踱步，焦虑、焦灼、愤怒。很大很大以后才明白，其实，老师最大的体会是害怕和恐惧。她怕我们出事。

我们排好队，牛老师歇斯底里地喊："说，你们是谁带的头！"

牛老师从我们几个人面前走过，每到一个人的面前，都要仔细地审视几眼。

我心里很紧张，心里说："哥们，都别出卖我啊！"

空气凝固了一般，似乎都能听得见我们的心跳声。

当牛老师走近我身边的时候，再也不挪动脚步了。她目不转睛地盯着我，说："是不是你？"我一边说"不是"，一边用余光偷偷看了下我的伙伴。天哪，他们都悄悄地瞥着我。也就是说，他们已经暗示给了牛老师："是安武林带的头！"

牛老师威严地说："我最后再问你一次，是不是你带的头？"

我看到她的身体在不停地发抖。

我嗫嚅地说："不是！"

"啪！"一记响亮的耳光结结实实地打在我的脸上。我看见无数个星星在我的眼前飞舞！之后的一切，我都不记得了。

晚上，牛老师来我家了。我被父亲赶到院子外面。隐隐约约中，我听见父亲说："打，打狠点，别心慈手软！要是换作他爷爷，非把他捆在树上暴打一顿不可。"

月亮圆圆的，挂在枣树的枝头。想到爷爷知道我游泳的严重后果时，我不寒而栗。那个时候真是年少无知啊！自己的自由和痛快是别人担惊受怕换来的。当明白这一切的时候，那响亮的耳光和热辣辣的疼痛，就变成了月亮温柔而又深情的抚摸。

精彩
——赏析——

　　我们每个人都有许多关于童年的回忆，或美好、或痛苦、或开心、或难过，都在我们的脑海里留下了深刻的印象。作者回忆起了小学时期挨过的一记响亮的耳光，随着年龄的增长逐渐明白了这一耳光的意义。作者小的时候格外顽皮，夏天总会偷偷跑到水库里玩耍嬉戏，那时候的他不懂大人为什么不让小孩游泳，长大之后才明白偷偷跑去游泳是一件非常危险的事情，会让所有关心自己的人担心。牛老师这一记响亮的耳光，正是她为孩子们担惊受怕的证明，经过岁月的洗礼，最终变成了温柔深情的抚摸。

北风那个吹

🌸心灵寄语

> 北风吹，吹不灭记忆的火焰，吹不散童年的温情，吹不走时代的印记。

北风那个吹。北风一吹，雪花飘飘洒洒就来了。

童年真好，袖着双手，哈着气，吸流着鼻子，蹦蹦跳跳的，真像一只充满生命活力的野兔。

在冬天，脸蛋红的像红心的萝卜。厚厚的棉袄棉裤一裹，真像个呆头呆脑的北极熊。

我那个班主任，裹着围巾，把自己打扮得像《早春二月》里的主人公一样。纯纯的一个20世纪30年代知识分子的模样。头顶上一撮白毛，好像经年不化的一堆雪，冷冰冰的堆在那儿。表面看，是一个斯斯文文的人，但一说话，那就比百年大树的树身还要粗。尤其是那对不大的三角眼，似乎总在空中画圆，滴溜溜那个转。转着转着就落在某个同学的脸上了，我很"荣幸"，几乎就是一个被关注的焦点。

谁让我是一个调皮捣蛋的学生呢？

我的童年时代，差不多就是个替罪羊的角色。无论做什么，我都很投入。就像看特感动人的电视剧一样，主人公的眼睛还干巴巴的，我的眼泪先吧嗒吧嗒掉个不停。这一投入，就要坏事。

我们上六年级的时候，新班主任训斥我们。他严厉地对站得整整齐齐的学生们说："去，把你们的窝好好打扫打扫。"队伍中发出一阵小小的骚乱。

在我们那里，窝是指猪窝、鸡窝什么的。班主任这么一说，等于把我们看作是牛啊、羊啊什么的畜生了。也难怪大家都小声地发出惊呼。因为是新的班主任，大家并不了解班主任的性格，但他说话的特点，我们却是实实在在地领教了。

我们班里有几个女生特别活跃，下课的时候喜欢在教室里奔跑，你追我赶，打打闹闹，并不时发出响亮的尖叫声。那声音特兴奋，也特好听。有一天下课的时候，几个女生正在教室里尖叫，我的班主任闯了进来。

他大声训斥："叫什么叫，被日本人逮住了吗？"

教室里顿时静悄悄的。男生们面红耳赤低着头，心里都在暗暗发笑。

瞧，班主任这说话声，也不管男女了。尖酸刻薄，总把人逼得无路可逃。

我们的教室很大，是瓦房。在冬天的日子很不好过。窗户上没有玻璃，也没有白色的窗纸，贴的是塑料薄膜。天阴，光线很不好。而在冷天，教室里寒气逼人。那风都不知道是从什么地方灌进教室的。手冻，脚更冻。所以，教室里常有哈气声和跺脚声。

我们教师的讲台旁边，有一个小小的炉子。那炉子是砖做的，偶尔会烧一烧，但因为没有煤，大多时候都是灭的。所以，班里的几十个学生就像是在冷冰冰的冰窖里一样。

班里有几个聪明的男生，那就是大捣蛋鬼了。他们发明了一个办法，当老师不在教室的时候，他们觉得太冷，就会跑到炉子跟前，把纸点着取暖。

我记得那是一个很大的雪天，北风呼呼地吹着，鹅毛大雪纷纷扬扬地飘着。教室外面的积雪落了厚厚的一层，那白色的光芒灼人眼睛。

教室里特别冷。

有几个调皮捣蛋的男生，用纸在炉子边烤火。他们烤完了，我拿着一叠纸也去烧。不知道怎么回事，我想起了安徒生的《卖火柴的小女孩》。这个时候，我特别能体会到小女孩划亮火柴的举动。那种温暖，真像天堂里的阳光呀。

我烤得正起劲，心里正暖和，正得意呢，不料我的班主任推门而入，但我竟然没有察觉。等他快要走近我的时候，我才发现。因为我看到班里说话的、交头接耳的同学突然都老实、安静下来了，这是老师走进教室的标志。

我回头一看，天哪，班主任怒气冲冲地向我走来。我知道，我这个班主任喜欢动手动脚打学生，所以掉头就跑。教室虽然大，但可供逃跑的路线却是直线的，很少。

只见我的老师两只手一扩展——平常他是袖着手的——一脚就飞了出去。

"哎哟。"我的屁股挨了一脚。

他一边追赶我，一边踹我。嘴里还嘟囔着："我让你烤！我让你烧！"

他每说一声，两只手臂都要大大地张开一下，然后飞出一脚。

我被他追赶得跟跟跄跄的，屁股挨了不少脚。估计他的脚印都烙在我屁股的裤子上了。因为我闪转腾挪一直躲避着老师的脚，所以他的脚几乎都是很轻的，我避过了锋芒和重量，以及重心。

逃到教室门口，班主任可能累了，也可能气消了。他的三角眼一动不动地盯着我，然后气呼呼地说："去，给我站到教室外面去！"

我赶快逃离了教室这个是非之地，真怕班主任再踹我屁股。

外面很冷，我站在院子的中心，眼睛四处打量了一下。校园里并没有别人，因为是上课的时间。若是真有人，我还是很羞怯的，毕竟被老师罚站是一件很丢人的事。

北风呼呼地吹着。

雪花纷纷扬扬地落着。

我跺跺左脚，再跺跺右脚。哈哈气，袖袖手。自己想办法取暖。

我突然发现自己的脚印留在雪地上很好看，于是，我的心思都在雪上了。弄个轮胎的花纹，弄个圆，弄一条直线，弄个三角形。真像个设计师在白纸上画图一样。

我觉得很有趣、很快乐。童年最大的好处，就是容易被自己的想法所感动，从而忘却不快乐和烦恼。

我弄了一个很大的圆，像观音的莲花宝座一样。

我站了足足一节课。

北风呼呼地吹着。

雪花纷纷扬扬地落着。

而我的心，也像雪花一样快乐而又美丽。

精彩
——赏析——

本文是一篇回忆性散文，讲述了作者冬天因为在教室烤火被班主任罚站的故事。文中通过对班主任外貌、语言、动作、神态描写，塑造了一位严肃认真的班主任形象，生动形象地描绘出了班主任追着收拾"我"的情景。而调皮捣蛋的"我"在教室外面罚站不久就发现了新的乐趣——在雪地里画画，罚站的烦恼和室外的寒冷一散而尽，记忆中的画面变得温馨又有趣。作者以平实质朴的语言讲述童年趣事，拉近了和读者之间的距离，给读者以真实亲切之感。

雪花那个飘

💮 **心灵寄语**

纷纷扬扬的雪花，走街串巷的邻居，回家团圆的亲友，噼里啪啦的鞭炮声……汇聚成热闹的新年。

"北风那个吹，雪花那个飘……"熟悉的歌声，像是千年的老井里面冒出来的清冽的泉水一样，总会浇醒我遥远的记忆。有人说，回忆往事是人衰老的标志，但我却不这么认为。我觉得人从有记忆开始，便进入了一个收藏的阶段。我们每时每刻都在收藏一些东西：一个眼神、一个手势、一个握手、一个会心的微笑，这些收藏都会集结在一个叫作"阅历"的仓库里。若非如此，阅历是人的一笔财富这句名言恐怕也经不起推敲了。而这些往事，都带着自己熟悉的味道，无论是欢乐，还是忧伤，都会让人激动不已。

"北风那个吹，雪花那个飘……"这句熟悉的老歌，总会把我带回故乡，带回童年的时光。

下雪的快乐不胜枚举，堆雪人、踩脚印、打雪仗、滑雪……更重要的是，雪花一飘，新年的气息就近了。似乎无雪不成年，有年必有雪，而那新年似乎就是被飘呀，飘呀的雪给拽来的。

这一段特殊的时期，刻骨铭心。

我拿了个小学肄业证，开始了颠沛流离的人生，要么跟着伯父去外地炸麻花，要么跟着父亲下地干活。但一进腊月，我在村子里就成了数一数二的忙人。很多人邀请我去给他们炸麻花。我一般不应承人，都是爷爷一手安排的。早上去谁家，下午去谁家，晚上去谁家，爷爷心里有一本账，他都替我安排好了。

爷爷年事已高，加上我已经成了方圆百里有名的炸麻花师傅，所以爷爷索性就不再从事这个行当了。炸麻花这门手艺，需要技术，更需要体力，人越年轻越好。一个从小学习炸麻花的人，和成年以后半路出家学习炸麻花的人是很容易区分的。一看炸麻花的动作和速度，差不多就能区分开来。我是从小学的，所以速度几乎比一般的人要快上一倍，有人用手表给我做过记录，一分钟可以搓成四条麻花。麻花的面在我手里，就像女孩子在玩跳绳游戏一样，上下翻飞，让人眼花缭乱。而面击打案板的声音，就像摇滚乐的打击乐手在击打乐器一样，响亮而富有节奏感。无论从事什么行业，只要能进入高的境界，那就几乎和搞艺术没什么区别了。

在我们家乡，到了过年的时候，家家户户差不多都要炸麻花。炸麻花是其中的一项，俗称叫"煮油"。只要炸麻花，那些给过年准备的油炸的食品菜肴都要加工一下，如油炸豆腐、油炸丸子、油炸红薯、红烧肉。但对于大多数家庭来说，没有人会炸麻花，而且这一项工作几乎都是由家庭妇女完成的。往往是四五个女同志搓麻花，在还没有支上油锅以前就已经搓好了很多很多麻花，油锅烧好了便几条几条地往油锅里下。这是因为她们的速度太慢，麻花压不住油锅。油锅热了以后，不仅会大量的蒸发，而且还会把麻花炸糊了。有的麻花里面还没有熟，外面已经黄中泛黑了。看到这种场景，我只有发笑。毕竟，这就是业余和专业的差别。

我就像明星赶场一样，一天甚至要炸好几家。去第一家的时候，就让第二家把面发好；去第二家的时候，就让第三家把面发好。面如果发不开，麻花咬不动，既像石头一样坚硬，又像刀子一样锋利。一咬，很容易把口腔扎伤。炸麻花这东西，真是一门综合技术。要看好火，火大火小要操心，面硬面软发开没发开要操心，油锅里冷还是热要操心，就是麻花的摆放也是很讲究的。所以，一个优秀的炸麻花师傅，真的要做到眼观六路，耳听八方。同样的，炸麻花，用煤炭的火和用木材的火，如何使用也需要时时提醒炸麻花的主家。

每一个家庭都是不一样的。有钱的人，烧煤；没钱的人，烧柴禾；案板、工具、面、油，都能看出家庭的殷实和贫瘠来。我在干活的时候，最怕烧柴禾的和烧烟煤的家庭，他们要用这些东西烧火，屋子里差不多是浓烟滚滚。我一边炸麻花，差不多一边要抹眼泪、咳嗽，再加上油锅的热气和烟，那几乎就像是在受酷刑一般。我年龄小，受不了就要向爷爷抱怨，但爷爷就会宽慰我："孩子，人家家里穷，条件不好，你不要讲究。老百姓家里，怎么能和饭店相比呢？"爷爷心疼我，但更替那些炸麻花的乡亲们考虑。有时候，我感觉肺里面都装满了油烟，呼吸都要窒息了，我会放下手里的活，到屋外大口地呼吸几口新鲜空气，再回到屋里继续干活。

我给所有的人干活，都是义务劳动；有时候连饭都顾不得吃，一家的活干完了，急急忙忙去另一家。因为下一家的面已经发开了，如果不及时去干活，那么分好的面胚会粘成面团，又需要加一道工序。尽管如此，爷爷还是不放心，怕我没给人家的活干好，在这一点上，爷爷是一个非常优秀的恪守职业规范的手艺人。有时候已经是深夜了，我还不能回家去，爷爷担心我，来看看我还有多少活，或者是遇到什么麻烦了没有。

有时候，伯父也替我安排活。有时候，我还被派到邻村的姑姑家炸麻花。反正像走马灯一样。爷爷心肠软，人家几句好话，他就会答应人家。爷爷答应人家了，我就必须去。记得有一次，我一天炸了四家的麻花，累得都快要瘫掉了，便想让爷爷把最后一家退了。爷爷很生气，说人家是新媳妇回门，需要麻花做礼物。我说你也不心疼心疼我，爷爷狠狠地瞪了我一眼说："你不去我去！"我一看爷爷生气了，赶紧去最后一家炸麻花。

有数年都是这样的经历。

等大年除夕最后一家的麻花炸完后，我才发现外面下雪了。雪花很小，还是粒状的时候，像小小的沙子，落在我的头上、脖子里、裸露的手上，我感受到了丝丝的凉意。地上开始打滑了，薄纱似的雪粒铺了薄薄的一层。我走在回家的路上，心里很快乐。所有的疲惫一扫而空，因为有的家里开始放炮仗了。

新年来了。

新年到来的时候，我才回到门口。等我想扣响门环的时候，才发现胳膊都酸痛得举不起来了。我大声喊道："开门，我回来啦！"这声音夹杂在鞭炮声中，显得那样虚弱和苍白。

雪花轻轻地飘落着。

精彩
—赏析——

　　作者用记忆中的歌声"北风那个吹，雪花那个飘……"引入往事，叙述了小时候在村子里给各家各户炸麻花的故事。飘雪的季节一到，新年也就不远了，在"我"的家乡，到了过年家家户户差不多都要炸麻花，而"我"又是方圆百里有名的炸麻花师傅，这一段记忆就变得与众不同起来。作者通过描述"我"高超的炸麻花技术，给好多家炸麻花的辛苦，还有忙碌结束之后轻松喜悦的心情，将炸麻花的场面生动形象地展现在读者面前。

人　质

🌸 **心灵寄语**

一个不速之客打破了原本平静的生活，家人陷入了一场以赚钱为诱饵的骗局，而"我"千里迢迢远赴外地，只为更换人质。

1984 年的冬天，太阳白花花地照着田野，但没有一点儿温暖的感觉，仅仅是一种苍白的颜色。大地一览无余，没有丝毫的遮挡。所有的树木都掉光了树叶。间或，有一两声鸟鸣，悲凉地回荡着。

我和伯父骑着自行车，去二十里外的河底镇炸麻花。河底镇紧挨着后宫乡。那个时候，我对地名很有兴趣，常会做一些想象力飞扬的事。多年后，我才明白，喜欢胡思乱想的人可以当作家，喜欢望文生义的人可以当学者。

我总想着，有一条河流从这个小镇的旁边穿过，而这个小镇地势低矮，如同在河底一般，故而叫河底镇了。事实真的如此，这个小镇旁边真的有一条小河，但小河里的水已经干涸了，露出白花花的河床、沙子，以及石头。那么后宫呢？我只能想那是古代皇帝的后宫所在，曾经有一处风景秀丽的风景区。但那是一座山，我从来没去过。

我和伯父经常去河底镇，从我还在小学上学的时候，我就开始跟随着伯父南征北战炸麻花了。我虽小，但却令伯父很自豪。因为我已经可以独当一面，被称作师傅了。我知道，伯父的手艺不如我，尽管他有时候也暗暗使劲，想和我一决高下，但我从来都是不紧不慢、潇洒自如的。伯父却手忙脚乱、脸色通红，心里着急，胳膊和手挥舞得很厉害，幅度也很大，但手里不出活，我挫成一条麻花的时候，他才完成一半的工艺。所以，我心里暗暗发笑，但并不点破。因为伯父是个特别要面子的人。

经常雇佣我们炸麻花的人，叫什么名字，我不记得，我们只是称呼他王师傅。王师傅个子不高，很壮实。红光满面，像是涂了油一样。脑袋光秃秃的，寸草不生，像个油光闪亮的葫芦瓢。不知道为什么，他喜欢耷拉着眉毛，尤其是左眼，经常神经质地抖动、眨巴，好像一个又一个坏主意在往外冒。王师傅很喜欢我，我差不多是他生意的招牌。河底镇集市的时候，他就把油锅支在他的小饭店的门口，让我在外面炸麻花。那些赶集的人，里三层外三层把我包围了。几乎半条街的人都在围观我，交通全部瘫痪。王师傅很神气地倒背着双手，自豪、得意、威风凛凛地注视着围观的人群。好像他正在搞什么展览，但更像开了一个马戏团，而我是主要的演员。

我和伯父一去数日，有时候待一天，时间视生意兴隆或清淡而定。我们回家，在路上，伯父喜欢总结我们干活的情况。或者有瑕疵，或者批评我没尽心，或者大骂王师傅招待我们太糟糕，有肉偏偏给我们吃豆腐，或者生气本次没有结算加工费。那一天，我和伯父干完活回到村里，各回各家了。按照惯例，伯父晚上会到我们家来，向我爷爷做汇报。我爷爷排行三，他称三叔。我回到家里发觉气氛很不对，大家都冷冰冰的，比这个冬天还冷。也没有人热情地向我打招呼，更没有嘘寒问暖的举动。

爷爷在屋子里睡觉，呼噜声惊天动地。真不知道是真的睡着了，还是憋了一肚子的气。

我看到母亲一脸的晦气，好像做了什么错事遭到过爷爷的训斥一样。母亲眼圈儿红红的，好像还哭过。她的眼睛里还囤积了无穷无尽的泪珠，似乎只要一捅，就会源源不断地流出来。

我轻轻地问："妈，出什么事了？"

我不问还罢了，这一问，母亲开始抽泣了，伤心欲绝的样子。

我从母亲因为抽泣而断断续续的叙述中，有点儿听明白了。是一个后宫的陌生人来我们家，把我弟弟带到青海西宁去了，他说在那儿能赚到大钱。这个人本来是找我的，因为我名声在外。偏偏我和伯父去了河底镇。母亲毛遂自荐，介绍了我的弟弟，说他现在炸麻花的手艺也甚是了得。那个人很高兴，就把我弟弟带走了。

母亲是一番好意，她觉得我们兄妹几个人挺可怜的，一辈子也没出过门。我们最远也就去过县城。青海西宁，好歹也是个省城，算大城市。母亲想让弟弟见见世面、开开眼界。不料弟弟刚走，她就后悔了。邻居们都责备我母亲，说她胆子太大了，人都不认识就敢把自己的孩子交给人家，万一是人贩子怎么办？母亲越想越害怕，在家里给爷爷奶奶和父亲一说，大家都训斥她。母亲号啕大哭，自责、悔恨、委屈、害怕，感情很是复杂。

我安慰母亲："没事，弟弟也不小了。再说，世界上哪有那么多坏人呢？实在不行，打电报让弟弟回来就是了！"

母亲听了我的话，不再抽泣，心里得到了一点儿安慰。

第二天，我去镇邮电所给弟弟发了一封电报。我很挂念我那个虎头虎脑、长得很可爱的弟弟。在我们兄妹四人中，他最讨人喜欢。父母偏爱，左邻右舍喜爱，似乎家族振兴的希望和重担，父亲也悄悄压在他身上了。

在忐忑不安中，我们等待了一个星期。我几乎每天都要去邮电所问问有没有弟弟来的电报。母亲更如热锅上的蚂蚁，焦灼不安。她派我又发了第二封电报。电报的内容，一次比一次严重，最后一次，发的是：母病危，速归。我对这类字眼比较忌讳，但母亲执意要我这样发，似乎要只要弟弟回来，她病危也是值得的。

一个月过去了，西宁那边一封电报也没回。全家人陷入巨大的恐慌之中。我那可怜的母亲，差不多都快要发疯了。背着全家人，母亲不知道掉了多少眼泪。

突然有一天，一个穿着中山装的不速之客来到了我们家。来人矮矮的个子，眼睛大大的，嘴唇薄薄的，胳膊和腿细细的，一副皮笑肉不笑的样子，感觉特阴沉。尤其是他额头上的皱纹，深深的，似乎埋藏着无穷无尽的坏主意。我不太喜欢。

母亲见到此人却喜出望外，多日不见欢笑的脸上竟然露出了笑意。原来，这个人就是把我弟弟带到西宁的家伙。爷爷气哼哼地躺在炕上，不见；如果不是弟弟还在西宁，他非把这家伙痛揍一顿不可。

他假模假样地抱歉，说现在生意很忙，弟弟不能回来。那些电报是别人转的，因为他没有通信地址，电报在别人那里压了好长时间，他来就是报个平安，等等。一片薄嘴唇上下翻飞，就像锋利的镰刀飞快地收割着庄稼。

母亲以十二万分的谦卑口吻说："你看看能不能让老大去，把我家老二换回来。老大技术比老二高，也能吃苦。"

这个人满脸堆笑，满口应承："好好好，没问题。"

没过几天，我背着铺盖卷儿就和这个男人出发了。从运城，途经西安、兰州，一路直奔西宁。火车一开过兰州，便是满目的荒凉。无边无际的黄土，大多是沙土，几乎不能耕种，而且树木稀少。看不见人烟，看不见村庄。火车上也空空荡荡的，一节车厢几乎只有一两个人。很有美国西部片的味道。

咣当咣当的列车，咣当了几天，我们终于到了西宁。七绕八拐，我们才到了一条巷子马路边的一座铁皮房子前。西宁的冬天很冷，风是刺骨的。尤其是鼻尖，好像那里挂着一个冰冷的小刀，不停地撞击着这个脆弱而又敏感的部位。

我一眼就认出了弟弟，他高挽着胳膊，正在案板上搓麻花。我喊了一声他的名字，他一愣，抬头看见是我，眼圈儿就红了，眼泪在眼眶里打转转。他哽咽着喊了一声"哥！"什么话也说不出来了。

那个小饭店的老板，也就是把我和弟弟弄来的小个子男人，假惺惺地笑了。他说："呀，见到你哥哥这么激动啊！"

我在心里狠狠地骂了一句老板。弟弟在这里遭的罪、受的委屈，我一眼就明了。寒冬天，不在屋子里炸麻花不说，要命的是这个案板不是木头的，而是冰冷的铁皮包的。搓麻花的时候，手指不停地在案板上摩擦，手腕和小手臂也会在冰冷的案板上频繁接触。而且，铁皮的案板表面油滑，面胚在案板上滑来滑去，犹如汽车已经刹车但还在雪地上不断地滑翔一样，技术难度大大地增强了。

我让弟弟腾开位置，自己开始搓麻花。我一边搓，一边对身旁的弟弟说："明天，你就收拾收拾回家吧，家里人很着急，很担心你。"如果我不来这里，断然不知道弟弟身处的环境。这个铁皮小屋是睡觉的地方，地上铺了些麦草和干草之类的东西，和村里的牲口住的条件是一样的。铺盖卷儿就铺在地上，几个人挤在一起睡觉。铁皮小屋八面透风，屋子里寒气逼人。准确地说，带老板一共四个人，弟弟是师傅，一个老板，一个管账的，一个是打下手帮忙的，除了弟弟之外，其余二人都是老板的亲戚。弟弟一人干活，大家拿钱，简单地分析就是这么一回事。

第二天，弟弟走了，抹着眼泪。我因为干活，也不能送他。老板说还没有效益，刚开始，所以只给了弟弟路费。我心里清楚，这样的账永远是算不明白的，永远是赔本的。老板不会把真实的收益告诉伙计。所以我多留了一点儿心眼，平时自己给自己存路费钱。

那个时候，我一直在做作家梦。每天清晨，我都会飞快地跑到报刊零售亭那里排队，买一些有副刊的报纸。下雪天，依然如故。第一辆公共汽车从雪地上经过的声音、北风的呼啸、四周酒馆里彻夜不眠的行拳酒令声、三轮车的怪叫声，都从四面八方往铁皮小屋里面灌。

我心里很窝火。老板还有别的生意，基本不到铁皮小屋来。而他两个亲戚就像狼一样，死死盯着我。那情景，和警匪片被绑架的人质一样。事实上，我和弟弟和人质差不多。想从千里迢迢的西宁回家乡，袋里无钱，几乎不可能。弟弟小，没主意，也不敢惹老板的两个亲戚。我就不同了，今天要去买报纸，明天要买书，后天要去买药，大后天还想去看电影，我总想方设法给自己的口袋里装钱，准备逃跑的路费。

这两个家伙虽然心里嘀咕，但不敢过分，他们怕我发火、撂挑子。

这些事情我是能做得出来的。

那些日子虽然很苦、很累，但也有快乐在。我第一次看电影，看的是奚秀兰的音乐会。当时，通俗的流行音乐我还未曾欣赏过，所以拼命地鼓掌，热泪盈眶。我也去看了一下青海的动物园，冬天的动物园里冷冷清清，但这里大都是大西北的动物，凶悍异常。尤其是大雕，留给我的印象太深刻了。我真有点儿惧怕，看到它那双和人的手掌差不多大小的爪子，心想：这家伙恐怕都能把我叼到天空去。

高原的气候很干燥。我的嘴唇每天都有干皮出现，有时候用手一撕，鲜血咕嘟咕嘟就冒了出来。我一直吵吵着要见老板，这两个家伙一二三推四五六，说老板忙。我来了快一个月了，竟然见不到老板的面。我估摸着口袋里的路费攒够了，就对他们说："好，老板不来，我告诉你们下，你们转告老板，这两天我就要回家了，火车票都买好了。"

第二天，老板就来了，像是从地下冒出来的一样。

老板故意装出一副饥寒交迫、苦大仇深的样子，阴沉地对我说："你看，咱们这一个月没赚，赔了，我没办法给你开工资。"

我心里冷笑一声，说："算了，我算白干，再见！"

我收拾好油腻腻的铺盖卷儿，铺盖卷儿里面还藏着我买的一些文学书；连头都没有回，义无反顾地走了。

很多年过去了，我一直在想，那段时光的苦与累，在我的心里没有留下什么印象。倒是我的梦想、我的阅读，给我留下了无限的欢乐和温暖。梦想会提升人的高度，很低很现实的世俗之所以不能够奈何一个人，那是因为这个人站得太高了。

精彩 — 赏析 —

　　本文主要描述了1984年的冬天"我"跑到青海西宁做苦力替换弟弟的故事。文章以"人质"为标题，设置悬念，引起读者的好奇。"1984年的冬天，太阳白花花地照着田野，但没有一点儿温暖的感觉，仅仅是一种苍白的颜色。"开篇通过环境描写渲染气氛，这是一个"没有一点儿温暖"、苍白悲凉的冬天，衬托了主人公凄凉的心情。接下来用平实质朴的语言描述了"换人质"一事的起因、经过和结果：弟弟被骗到远地去做苦工，"我"去顶替弟弟换他回家，"我"攒够路费踏上归途。文章揭露了老板小人的丑恶嘴脸，讽刺了这种毫无道德的欺骗行为。

轻轻地，一点头

🌸 心灵寄语

很多年过去了，那轻轻地一点头依然清晰地印在"我"的脑海里，那个人，那些年，是"我"毕生难忘的回忆。

小村里，有一个老头，驼着背，似乎永远都是一副不慌不忙的样子，慢悠悠地沉稳地走着。当有人和他照面打招呼，或者从背后喊他，他都要先轻轻地一点头，然后微微一笑，才开始说话。他的神态，显得很有修养，就像是无边的大海，隐藏着无限的宝藏。

这个老头是小村里的大人物。关于他的故事和传闻有很多很多，但我不能确定什么是真的什么是假的，很多年很多年过去了，我依然搞不清真相，但我知道他确实是个大人物。他还是我的文学启蒙老师。

那一年，我拿着一张纸条，永远离开了我的小学。

那是一张油印的"小学肄业证"。

从那个时候起，我开始了颠沛流离的人生之路。有的时候，我跟着大伯父去几十里外的小镇，或者县城炸麻花；有的时候，我跟着父亲下地干活。但大多数时间我都在地里春种夏收，日出而作，日落而息。技术性很高的农活我干不了，只能干些力所能及的活，除草、打药、敲土块、施肥什么的。犁地、耙地、摇耧播种的技术活，我是做不来的。

雨天，夜晚，农闲的时间，我就抱着文学书津津有味地啃着。

偶尔，信笔涂鸦。

我一直在做文学梦，就像小学六年级在《我的理想》作文中所写的那样：我梦想着将来做一名作家。

有一天，我去镇上的高中玩耍，见到了一个熟悉的朋友。他对我说："武林，你不是喜欢写文章吗，我给你介绍个老师吧，他是我的老师，叫王永禄，可厉害啦。"

我难为情地说："不不不，我不认识王老师。"

他哈哈大笑说："你呀，怎么还脸红，像个小姑娘似的。别怕，王老师可好啦，走！"

他推推搡搡就把我拉到了王永禄老师的房间。

第一次看见王老师，我印象很深。他眼睛不大，但是很锐利。轻轻地，一点头，很和蔼、慈祥。他穿的是毛料的中山装，很出众，一看很像个很大的官儿。尤其是他的头发，虽然花白，但直挺挺的，很像电影里国民党的将军的大盖帽勒出来的。

朋友向王老师介绍了我的情况：家贫、爱读书、喜欢写文章、想当作家。王老师始终微笑着，一言不发，当朋友介绍完了，王老师才笑眯眯地说："好好好，把你的作品拿来我看看。这样，以后你有空就来我这里学习吧。"

我嗫嚅着，心里欢喜，但不敢答应。因为我怕父亲不同意。

父亲和爷爷正憋着劲儿。

我在学校里不算好学生，读课外书是有了名的。班主任和我的父亲沟通过，父亲嘱咐老师，要是再看闲书的话该揍就揍。父亲吓唬我爷爷，说如果再不好好学习的话，学校怕是不要你孙子了。爷爷很生气，发火道："学校不要，我要！"

当我拿着肄业证回家的时候，父亲幸灾乐祸地说："爹，这一下学校不要你孙子了，你管他吧！"爷爷气哼哼的，但不那么理直气壮了，他哆嗦着说："废话，这是我孙子，我能不要吗？"

朋友介绍完我的情况，王老师沉吟一下说："好，我和你家里人谈谈！"

没过几天，一个黄昏，王老师真来我家了。爷爷和父亲都在。王老师动之以情，晓之以理，讲了很多。他说话很斯文，有一种不能拒绝的力量。不知道爷爷和父亲心里是怎么想的，但他们同意了。

从此，我就经常去王老师的办公室了。

他给我本子，也给我书。本子是方格的作文本，他要求我严格地把文章写在方格里。那个时候，我喜欢写诗，一首一首的，热情似火，灵感源源不断。尽管很幼稚，但是充满了热情和激情。

王老师每一首诗歌都给我修改，甚至是一个标点都不放过。每一首诗歌后面，都有他用红笔写的批语。王老师的字很潇洒，大，且有力。一看就是用毛笔写小楷和大字练就的。他告诉我，他们从前都不用钢笔的，很显然，他对毛笔有更深刻的感情。

我听别人说过，王老师原来做过国民党的大官。有的说在司法部做过秘书，有的说在行政公署做过什么官员。具体情况不得而知，据说他犹豫了一下，就没坐飞机去台湾。就这样，他留在了大陆。后来遭过不少罪，再后来落实政策，让他做了一名老师。但我从来没有听他说过他的过去，也没有听他发过牢骚。

　　我只听他说过他和孔祥熙在一起吃过饭。他还说看过梅兰芳的戏。他还说他舞跳得很好。对于他的过去，他只说过这么三句。说完，面对我的好奇，也仅仅是一笑，不愿多说。不过他脸上洋溢着的快乐和幸福，让人能感受到他有过辉煌的过去。他惊叹梅兰芳是个大师，有一次演出居然演错了，但大师就是大师，轻描淡写地化解了，并且赢得了一片掌声。

　　他喜欢古体诗词，偶尔还在《人民日报》上面发表一些古体的诗词。他还写日记，每天都要记录点什么。这个习惯他一直保持着。

　　有一次，我在露天影院看了一部黑白的战争影片，觉得很有趣。我滔滔不绝地讲给他听。一边讲，一边哈哈大笑，笑得上气不接下气。他也笑，但那是微笑。当我讲完后，他轻轻地问了一句："讲完了吗？"我说："完了！"

　　他笑眯眯地说："你讲的什么，我一句也没听明白。你讲故事，是给别人听的，别人没乐，自己先乐得不行，这可不好！要慢慢地说，一字一字吐清楚，前因后果说明白！"

　　有一天，我去他办公室，看见他脸色很不好，气哼哼的，似乎和人吵过架。一打听，果然，没想到是我的小学老师，拿着几首诗向他求教去了。我的小学老师自我感觉特别好，觉得自己写的诗歌很独特，没想到却遭到了王老师的批评，原因是他写的诗歌里面讽刺梅花。王老师是老派的文人，很认真，很严谨，指出梅花一直都是褒义的意象，而在小学老师这里，梅花却成了势利的小人，哗众取宠等。两个人产生了争执，王老师一怒之下，下了逐客令。我从来没见过王老师发火，他如此温文尔雅，要不是我那个小学老师太张扬的话，老人家也不至于如此绝情。

王老师在小村是个很有名的人，谁家的红白喜事，都会让他写对联，做账房先生什么的。他不抽烟，不喝酒，做事公正，所以很得大家的信赖。

轻轻地，他就那么一点头，我在他身边的美好时光就一晃而过了。

后来，我去了另一个县上职业中学。每一次回家，我都要看看他。把自己写的，发表的文章拿给他看。他很欣慰，鼓励我继续努力，千万不要放弃。

我上职业中学的第二年，有一天，我收到了父亲的一封来信，父亲在信中说："王老师去世了，我代表你给老师祭奠了。"我的眼泪夺眶而出，太突然了，来不及有一点儿思想准备啊！

我似乎看见他正走在路上，我喊他，他慢慢地转过身来，向我一点头，然后送我一个微笑……

精彩赏析

本文主要回忆了"我"的文学启蒙老师——王老师，他是一位性情温和、谦逊有礼、认真细致且有耐心的文人。文中运用了多种描写手法塑造人物形象，"小村里，有一个老头，驼着背，似乎永远都不慌不忙的样子，慢悠悠地沉稳地走着。"描写了他的外貌和动作，表现了他的沉着稳重。"当有人和他照面打招呼，或者从背后喊他，他都要先轻轻地一点头，然后微微一笑，才开始说话。"描写了他的神态，表现了他的和蔼可亲。"我"对王老师充满敬佩，对他的谆谆教诲感激在心，表达了对这位恩师深切的怀念之情。

天天吃饭 /

🌷 **心灵寄语**

　　天天吃饭是长辈对晚辈最朴素最真诚的心愿，天天有饭吃，一辈子有饭吃，就是平安喜乐的一生。

　　每天吃饭的时候，我都会想起爷爷。想起爷爷的时候，这饭就吃得格外香。虽然天天吃饭，但饭里面的学问很大。很小的时候，任何人都可以不去想；但长大以后，不想这个问题就说不过去了。

　　有时候我都不敢去想，一想，就会清晰地看到爷爷的那张忧心忡忡的脸。他忧伤地盯着我，口气里面有恳求，有忧虑，有强调，有慈爱，有……很复杂的情感。爷爷一辈子性格刚烈、专制，从来都没有对我小声说过话，但这一句话，他似乎有无限的耐心，如同一位优秀的小提琴手，拨动了最柔软但最坚韧的那一根弦。

　　爷爷眯着眼睛，斜着眼，注视着对面的我。我知道，他已经表现出了极大的克制，怒火在他的心里熊熊燃烧。他随时会挥舞拳头，会扬起巴掌，或者抄起手头的什么东西向我砸来。我也不敢太放肆，调皮捣蛋一会儿，赶紧又忙手头的活。

　　爷爷从小就开始教我炸麻花。这是他一生中最重大的一个决定。

我是长子长孙，从小就身体不好，病病歪歪的。据说我是从死亡线上爬回来的。我一出生，便得了支气管哮喘病，很严重。一天打五针，都不知道疼。我的身上全是针眼，护士拿着针头直哆嗦，不知道该往我身上什么地方扎。还是院长厉害，亲自给我扎了一针。但我爷爷狠狠地和院长吵了一架，和院长结了一辈子的仇。爷爷很孩子气，我知道爷爷大可不必如此，但他就是那个个性。

上学的时候，我学习成绩不好。在学校里，是有名的差等生。老师很歧视，父亲很暴力。在课余的时间，我随着父亲下地干活，但我体力很差，一弯腰就头晕眼花、两眼发黑。弟弟和妹妹们身体很强健，在干农活方面，我不如他们，所以我经常挨父亲的训斥，有时候还饱以老拳。在父亲的眼里，我不仅没有出息，而且是个废物。

我唯一的安慰，或者说唯一的温暖，就是来自爷爷的保护。爷爷在场的话，父亲绝对不敢用拳脚对付我，因为爷爷也同样会对他饱以老拳，而父亲根本不是爷爷的对手。在几千人的村子里，几乎还没有哪个年轻人能和爷爷比比拳脚。来自学校和父亲的压力，让爷爷心急如焚。他在替我的未来担心，我靠文化吃不了饭，而干农活体力又不支。所以，他决定把他的炸麻花手艺传授给我，让我做个手艺人。

爷爷兄弟四个，他排行老三。他们炸麻花的手艺，都是他们的父亲传给他们的。他9岁那年就开始做炸麻花的师傅，一生走南闯北。在南京的时候，他个子小，在凳子下面还要垫些砖头，他才能把搓好的麻花下到油锅里。爷爷年轻时候，开过馍铺，麻花铺。母亲说，那个时候家里的钱很多，苇席下面藏的都是钱。母亲说那个时候她真傻，不知道藏一些，后来爷爷吸大烟，把钱全部挥霍了。这些事情爷爷从来没给我说过，都是母亲偷偷告诉我的。后来我们家的家境一贫如洗，差不多是村里最穷的人了。

爷爷说："好娃，你好好学，这是你一辈子的饭碗！"

我觉得很好玩，很有趣，一辈子的饭碗是个啥，天天吃饭啊，不就捧个碗吗？那时候我是个小屁孩，不知道爷爷说的饭碗和吃饭的饭碗不是一回事。乡村的语言都是很朴素的，简单，但又很形象。虽然二者不是一回事，但却有内在的联系。没有爷爷说的"饭碗"，怎么可能天天捧着饭碗吃饭？一个人应该有基本的生存技能，他应该有能力获取自己所需要的食物。

从小学四年级起，我就开始给爷爷打下手，换句话说，就是给爷爷当徒弟。爷爷给我说过学徒的辛苦，干最重的活，师傅还不一定把手艺传给你。学徒满了三年，师傅才把真正的手艺传给你，其实，三年时间，就是给师傅当苦力的。因为他是我爷爷，所以他一点儿也不会隐瞒。他要我好好学，专心点，不要偷懒。炸麻花虽然是技术活，但也需要强健的体力，比如说和面。一个大瓷盆，一次要放进去一袋面，甚至更多，还要掺几十斤的水，没有体力的话，根本无法搅动加水之后的面。加水之后的面，沉重得像一块巨大的石头，再要揉得均匀，像我这样的体力根本干不了。所以每天清晨，都是爷爷把面和好才喊我干活的。其实，我学习不到三个月，就已经出师了。在麻花这一行，我也算个师傅了。

我很小，没有那么大的定力和耐力，一会儿要喝水，一会儿要听收音机里的歌，一会儿偷看几页小说。这个时候，我会把没有完成的麻花往案板上一丢，就忙别的去了。当我重新坐好，爷爷会语重心长地对我说："干活要专心，你看这火，你看这油，还有这发起来的面，忙完了再去干别的呀。"爷爷的话里面有两个意思，一个是他想把我培养成一流的手艺人，所以要求比较严；另一个意思是我不专心会加大成本，煤和油不停地燃烧和沸腾，每一根麻花所付出的成本会加大，也就是利润会很少。

后来村里来了一个算命的，是个女的，据说算得很准。母亲带我去算了一下，这个算命的说："你孩子啊，吃不了文化饭，做个小本生意还可以！"母亲苦笑了一下，我看她的眼角都有眼泪在打转。在回来的路上，她一个劲儿后悔，还不如不算。看来，算得真准，我就是手艺人，要吃这碗饭。母亲一生都是在愁苦中度过的，在泪水中泡过来的。她回到家里，大哭了一场，说自己的命苦，孩子们的命苦。

麻花的手艺学成了，爷爷郑重其事地把我交给了伯父。我和伯父开始了走南闯北的打工生涯。他虽然是我的伯父，但他的炸麻花手艺却不如我。所以，我是搓麻花的，他是掌油锅的。在小学期间，我利用星期天或寒暑假，跟着伯父去邻镇、邻县的饭店炸麻花。我在临镇炸麻花的时候，正好是赶集的日子，看我炸麻花的人差不多把一条街都堵了。我那个时候太小了，这么小就当麻花师傅的人绝无仅有，所以大家觉得很稀罕。干完活，我就去新华书店买书。更有趣的是，一个镇医院的医生，掐着手表，要看我一分钟能搓几条麻花。结果令他大为惊讶，我一分钟能搓成四条麻花。这样的速度，差不多都可以封个"麻花大王"的称号了。每一次我跟伯父从外面干活回来，他都要给我爷爷汇报。给人家干的活怎么样，我表现得如何，丢没丢咱们的手艺。在爷爷的眼里，我们宁可把自己累死，也不能把自己的名声搞坏掉。爷爷很看重名声和气节，一生都是个优秀的手艺人。有一次，我的手都搓得流血，痛苦不堪，想丢掉活儿不干了，被伯父呵斥了一顿。他拿着铁棍在炉子里烧红后，威胁我说："你今天想走，试试看，我非烫你小子不可！"我本指望爷爷给我撑腰，替我出出气，没想到爷爷表扬伯父："你做得对，答应人家的活，怎么能丢掉呢？"

那个算命的似乎有先见之明，小学没毕业，我真的辍学了。我开始颠沛流离的人生，后来一直都在饭店打工。那是爷爷传给我的手艺，我可以靠它来吃饭。很多年过去了，我依然记得爷爷那句发自肺腑的话："好好学，这是你一辈子的饭碗。"当我端起饭碗吃饭的时候，我似乎就看见了爷爷的那张忧虑的脸，他似乎在问我："能吃好吗？能吃饱吗？"在另一个世界里，他对我说：好好读，好好写！

精彩赏析

本文主要讲述了爷爷教"我"炸麻花的故事。起因是"我"身体不好，学习成绩也不好，既干不了农活，又考不了高分，长大恐怕无法养活自己。经过是爷爷担心"我"的未来，决定把他的炸麻花手艺传授给"我"。结果是"我"学成了炸麻花的手艺，并且能够靠它来养活自己。"天天吃饭"作为标题，是本篇文章的行文线索，表面含义是每天都能吃到饭，深层含义是拥有基本的生存技能，既表达了爷爷对"我"的爱与呵护，也表达了"我"对爷爷的思念之情。

无聊噻

💮 **心灵寄语**

很多人的口中都会经常出现"无聊"这个词语，但是，我们真正明白什么是无聊吗？无聊是一种注意力倾注的对象不符合自己价值观时的心理体验。不清楚自己的需要和愿望，找不到生活的目标和意义，就会经常性地深陷在"无聊"的状态中。

每天清晨，我都会看见一个老人，匆匆忙忙地往自行车上绑东西，大桶小桶的水。少则三四桶，多则五六桶。他用绳子七拧八拧，捆得结结实实的，还用自行车故意晃动两下，看绑得结实不结实。

老人大约不到七十岁吧，个子矮小，但身体看起来很结实。虽然瘦小，但浑身上下充满活力。脸庞圆圆的，皮肤是灰白色的。他有时候戴一顶帽子，有时候不戴，不戴帽子的时候就露出了花白的头发，短发，看起来很精悍。

我不知道他住在几层，虽然我在这里住了十年。但我知道，我们是同一个单元的，我们一个单元住两户人家。而他的自行车就靠在我们家厨房的窗户外面。所以，我往窗外一看，就看见了老人。

他每天都起得很早，就像是我在乡下的那些岁月里，每天要起大早去很远的地里干活一样。趁着太阳没出来，凉爽，赶紧干农活。我看不出来他是否出身于农村，但我知道他保持着村民勤劳的习惯。

有时候，他一天出去两次，早晨一次，下午一次。他的自行车除了带水桶之外，有时候还带农具，如铁锹、锄头之类的东西。我猜测，他可能是在我们这个小区不远处，承包了一小块土地，或者是给别人打工，反正是忙农活。我们偶尔相遇，仅仅是点头微笑一下，算是打招呼，但从来没有交谈过。这大概是城市里大多数人的存在状态吧。我想到一个很准确的词来形容：矜持。矜持只是表面的现象，其中包含的内容却很丰富，很复杂。

我是一个好奇心很重的人，在心里无数次想象过老人的情况，但我找不到答案。

有一天下午，我正好从外面回来，看见老人正在自行车上绑水桶。自行车上下左右悬挂着装满水的塑料桶，老人用绳子在固定最后的一只水桶。

我觉得机会来了，就赶紧向老人打招呼："你好啊，天这么热，你干吗去啊？你好勤劳呀！"

老人笑笑说："你也勤劳呀，我看见你老在窗台外面干活，伺候你的花花草草！"

我微微一笑，看来老人对我的行踪也了如指掌。我在窗户外面干活的时候，兴许老人也在楼上的窗户那里观察我呢。

我说："你在哪里种的地呀？种什么了？"

老人说："嘿，就在一区马路边上，一大片地都荒着呢，我觉得可惜，所以种了些蔬菜，辣椒、韭菜、西红柿……"好家伙，品种繁多。

我说："我可以种吗？"

老人说："当然可以！"

我说："没人偷你的蔬菜吗？"

老人说："没有啊，没有人稀罕的。也没有人管你种不种。"

那一片地方我熟悉，但我想象不出来老人的蔬菜到底种在哪里。中国人对土地的感情深，无论是城里人还是乡下人，只要看见土地荒着，就会感到惋惜、心疼。只要管理者们允许，他们无论是种蔬菜还是种花草，都愿意把那块闲散的土地耕种上。我们小区的绿化带里，很多都是居民自己花钱栽树、种植花草。其实这是一举两得的好事。

我忍不住夸赞老人："你真是个闲不住的人，勤快呀！"

老人的回答很简单："无聊嘛！"

哎哟，还是个四川人。老人的长相、个头，的的确确是四川人。

我和老人告辞，目送着老人骑着全副武装的自行车远去，心里充满敬意。

我和老人的对话，被在厨房里忙碌的太太听了个一清二楚。回到屋里，我学了老人说的一句话："无聊嘛！"惹得太太哈哈大笑。太太说我学得太像了，足以以假乱真。我倒不是笑话老人，相反，我觉得老人这句很朴素的话里令人回味的东西很多。打发无聊的时光有很多种方式，唯有这一种方式恐怕是最辛苦的。只能说，老人很低调，不愿意诉说更深刻、更丰富的内涵。就这么轻描淡写的一句，把心血、汗水、劳作、辛苦都带过去了，当然，还有幸福和快乐。

我阅读，无聊嘛。

我写作，无聊噻。

我种花花草草，无聊噻。

我很想这么对别人说，但我不能，也学不会。这句话是这位老人的专利，语言的专利。我若使用，便有抄袭的犯罪感。

精彩
—赏析——

"每天清晨，我都会看见一个老人，匆匆忙忙往自行车上绑东西，大桶小桶的水""他每天都起得很早""有时候，他一天出去两趟，早晨一次，下午一次"由此可见，老人对种菜付出了很多，也映衬出种菜是连接老人和城市的纽带。老人对种菜的感情代表了老一辈人对土地和庄稼的深情，具有典型意义。写老人其实也是写作者，对作者来说老人种菜的意义和自己侍弄花草一样，是一种无聊的释放。

黑豆里的母亲

> 母亲是我们人生的指路明灯，她像一杯浓浓的香茶，饥渴时给我们带来芳香；她像一道五光十色的彩虹，失落时给我们带来期望；她像一轮火红的太阳，寒冷时给我们带来温暖。向母爱致敬。

妈妈，你藏在哪儿？

在那一大片黑豆地里，我领着弟弟和妹妹找啊，找啊，就是找不到她。

每一个豆荚里，都有好几个藏身之处。母亲变成了一粒黑豆，我们如何能找到她呢？

这一次，她真的藏起来了；藏起来之后，她就再也不出来了……

母亲是 49 岁那一年变成一粒豌豆的。我们都知道，她一直想和我们玩一个捉迷藏的游戏。但是她优柔寡断，割舍不下我们……最多，她就到邻居那儿哭诉哭诉，然后红着眼圈又回来了。

爷爷和奶奶患了老年痴呆症，吃喝拉撒睡全靠她一人操持。爷爷和奶奶还要没来由地骂她。那些赶趟儿似的讨债人，母亲一个一个地去赔笑脸，而父亲躲了起来。她觉得很累……她说：我要到一个清静的地方去。

母亲想去深山里的亲戚那儿去，但那儿也不清静。她能管住自己的手，但却管不了自己的心。她一次一次地说，但从来没有动过身。我们是她的孩子，她是她父母的女儿，而她还有丈夫，还有那些永远没有尽头的苦日子。她知道，属于自己的，是躲不掉也推不掉的，她割舍不下……

这一次，她是多么迫不及待啊。她从没想过豆荚里是最好的藏身之处。那些黑色的豆衣既能挡住她的目光，也能挡住我们的目光。她神秘地笑着，匆匆地跑着，躲了起来。50 岁，她是等不及了……

她 49 岁那一年，发生了两件大事。

一件是我们那儿遭到了百年不遇的大旱。

另一件是我们那儿遭到了百年不遇的大涝。

而我，在千里之外的地方读书。这两件事牵动着我的心，揪动着我的神经，但我不知道母亲的秘密……

100 年的大旱，是积攒了 100 年的绝望。母亲天天到邻居五婶家里哭诉："日子怎么过呀！"五婶说："别人能过，咱们也能过。"母亲不哭了，回家做饭、服侍老人、喂牲口、准备种子……很多事都在等着她。

龟裂的土地不愿接纳任何具有生命力的种子，也不肯做任何承诺。就连母亲的泪水，也濡湿不了一点点浮尘。

之后，是 100 年未遇的大涝。大雨就像母亲的泪水一样，没完没了地落，落得人心里发毛。小麦播种时节将逝，那些籽粒却播撒不下去。

牛在安闲地反刍，那是母亲唯一的慰藉。母牛怀着犊，母亲像个天使一样呵护着它，即便父亲拿一根稻草敲打母牛，母亲也会和父亲吵架的。

那些天，大雨倾盆。母亲不打伞，发疯似的去找邻居五婶。跑了五六次，人家的门都挂着锁。最后一次，母亲去了，端着一碗黑豆。

母亲说："借你的黑豆还给你。你看，别人都记不得哩。"

五婶说："哎呀，不就一碗黑豆嘛。"

母亲说："要是我不管了，他们都不记得了。"

五婶后来告诉我："你妈像疯了一样，好多人都觉得奇怪。她和这个人聊聊天，与那个人聊聊天。热切地想看看平日关系不错的人。她说她要走了，要走了，什么也不管啦。这是前兆，前兆啊。"五婶说着说着泪水落了下来。

我不太相信迷信，一个人怎能未卜先知呢？如果此事发生在别人身上，我断然不信。这一次我是信了，彻底的。人是有预感的。爷爷临终前迟迟不肯合眼，就是想再看我一眼——他最疼爱的长孙。弟弟哭着说："爷爷临终都未合眼，他一次次地问，你哥回来了吗？"

那一天凌晨，雨住，父亲还在梦中。母亲悄悄起来，把母牛喂得饱饱的。因为要播种了，母牛还怀着牛犊，不让它吃饱怎么行呢？母亲在院子里的自来水那儿接水，想给母牛饮点水，不料脚下一滑，咕咚，咣当……母亲倒下了，倒在泥地里……父亲听见异响，爬了起来……一切都晚了。

母亲微笑着，她故去后还保持着一抹笑容。

母亲倒在泥地里，身上却没沾一点儿泥。

她有一个孩子是写童话的，所以她留下了一个洁净的童话形象。

她住进了黑豆里，想和她的孩子们玩捉迷藏的游戏。不过，这一次，她不再让我们打扰她了。她想清静。

患了老年痴呆症的爷爷和奶奶，一下子变得灵醒了，她是她们的女儿呀。他们哭，像孩子一样流鼻涕和泪水。他们望着女儿的遗体哭啊，哭啊，眼巴巴地——可怜巴巴地——盼着能把女儿哭醒。

半年之后，爷爷病故；再半年之后，奶奶故去。他们寻找女儿去了。母亲住在黑豆里，爷爷住在酒瓶里，奶奶呢，住在每一件擦得亮亮的器具里……

从此，我不再吃黑豆了。我怕，怕咬痛了母亲……

精彩 赏析

文章以黑豆为线索，歌颂了母亲的伟大。讲述了爷爷和奶奶年龄大了，患有老年痴呆，母亲平时承受着无缘无故的辱骂，但没有怨言，扛起照顾全家人的重担，含辛茹苦，默默无闻地付出。但是有一天，她终于撑不住了，在一次给母牛喂水的时候，搭上了自己的性命。从前藏在黑豆地里的母亲，再也起不来了……

台静农的酒味

💠 **心灵寄语**

因酒识人，因酒品人。酒品不能代表人品，但通过饮酒，我们能够看到一个人真实的性格。而台静农先生就是这样一位酒品高尚的人。

台静农先生喜欢酒，喝了一辈子的酒，白酒。身上自然散发着浓浓的酒味。就像乡下耕作的农人衣服的褶子里面总藏着抖不尽的尘埃一样。一种人，进了城里赶紧就把自己过去的衣服丢掉。另一种人，进了城里，根本就不愿意丢，始终保持着天然的本色。台静农先生属于后一种人，而且，即便你告诉他，把衣服丢在某处可以脱胎换骨了，他也可能抱着衣服走一圈又回来了。这种朴实的个性追随了他的一生。

酒，是粮食做的。台静农先生喜欢的，大多是不登大雅之堂的白酒。那种出口的货色，他老人家是很鄙视的。这样的酒品，实际上是包含了文化的一种审美标准。朴实，朴素，实在，忠厚，真诚，随和，很显然，老先生不喜欢追名逐利。我们现在很多人表面讨厌背地里挖空心思在做的两个字是：钻营。钻营这样的词在公众场合是适合表扬人的，我们换个好听的词就变成了：经营。台静农先生是不懂得经营自己的。也不会经营自己。这样一来，他连喝酒的钱都捉襟见肘了。

按理说，像台静农这样的人，换作任何一个人，即便他再不善于经营自己，也不会过得如此惨淡。他做过山东大学的教授，在未名社中深受鲁迅的器重，与一大批文化界精英都有很好的交情，在大陆和台湾的一些大学都做过中文系的主任，这样的人，竟不能保证自己的酒钱，在很多人看来是不可思议的。更何况他后来成了著名的书法家。一个人有地位，有荣誉，有名声，有才学，大致就可以解决温饱问题了，像抽烟喝酒这些微不足道的小爱好，基本可以保证的。况且，先生喝的不是高档的酒，抽的不是高档的烟。

台静农的家，学生们是可以随便自由出入的。他没有架子，似乎不像个教授，从来不拒绝学生们的任何邀请，就连游戏也是如此。这样的大学教授，实属罕见。真不知道他是怎样经受骚扰的考验的。要做学问，要写书法，还有生活的琐事，他的时间就那样奢侈地馈赠给他的弟子们了。他没有酒喝的时候，也给他的学生要酒喝。这样掉架子失面子的事情，恐怕除了台静农先生之外，没有一个教授能做得出来。但他就是这么一个人，他和他的学生建立了那么一种关系，亲密，亲切，亲人一样，从来没有一个人因此而笑话他。

台静农写过一本小说《地之子》，其中收录了他十四篇短篇小说。这本小说带着那个时代的气息，苦闷和挣扎，具有那个时代的典型特征。所不同的是，他写的是乡村的悲苦和生死，用鲁迅先生的话说："在争写着恋爱的悲欢，都会的明暗的那时候，能将乡间的死生，泥土的气息，移在纸上的，也没有更多，更勤于这作者的了。"有的篇章在我看来，是可以和鲁迅的一些小说相媲美的。不知道什么原因，在中文系的课本里没有重要的位置。他的名字，也比不得很多作家响亮。这没有什么值得抱怨的，反正他爱喝苦老酒，喜欢苦老酒的黑色和苦味，喜欢它的乡土风味。而他本人，就像乡间的一株植物一样，崇尚自然。

台静农是一个书法大家，至于大到什么程度，非书法圈内人士大抵是说不出所以然的。但至少，应该能值得收取不菲的润格费。可是，他从来不收润格费。有人求字，他是有求必应，像个土地公似的。偶尔有一次，别人硬塞了润格费，他竟忐忑不安，好像欠下了别人一笔债似的，最后，还要硬还给人家。在书法同仁之中，恐怕像他这样迂腐的人并不多。这大约也是他不善经营的一个例子。然而，台静农先生的人品、文品是可以找日月江河这些名词做衬托的。大写的人字，往往是靠蘸了黄连汁写成的。其实，先生一辈子就写了一个人字。

台静农是大地的儿子，所以他的小说名才取了《地之子》。这个大地之子不是伟岸的意思，而是说他朴素得像泥土里的一株植物，哪怕是一根草。他做人治学，处世待人，都像泥土一样保持着纯朴的本色。他的一生，就像浓浓的酒香一样，一闻就醉人。那是没有掺水的酒的味道。

精彩
—**赏**析——

　　文章讲述了著名学者台静农的一些琐事。"大陆和台湾的一些大学都做过中文系的主任""随和，不喜欢追名逐利。"台静农有地位有荣誉，有名声，有才学，却经常连喝酒的钱都捉襟见肘，可见台静农是一个不懂得经营自己，也不会经营自己的学者。"他喜欢喝酒""没有酒喝的时候也向学生要酒喝""不收别人的润格费"可见他的操守，这里运用了似贬实褒的方式赞扬了台静农淡泊名利、朴素自然的高尚品质。

1.阅读《那一记响亮的耳光》,回答下列问题。(9分)

(1)文章写了一件什么事?请用简洁的语言进行概括。(3分)

_____

_____

(2)第七段中"我平时游泳,都是偷偷摸摸的。"这一情节能否删去?为什么?请说说理由。(3分)

_____

_____

(3)本文表达了作者怎样的思想感情?(3分)

_____

_____

_____

2.阅读《天天吃饭》,回答下列问题。(16分)

(1)文章为什么要以"天天吃饭"为标题?(4分)

_____

_____

(2)从描写方法的角度赏析第二段中"他忧伤地盯着我,口气里面有恳求,有忧虑,有强调,有慈爱,有……很复杂的情感。"

这句话。（4分）

_____

_____

（3）"很多年过去了，我依然记得爷爷那句发自肺腑的话："好好学，这是你一辈子的饭碗。'"你如何理解这句话的含义？结合实际说说你的体会。（4分）

_____

_____

（4）本文是一篇回忆性散文，简要概括文章的思想感情。（4分）

_____

_____

_____

3. 写作训练。（60分）

　　每个人都有自己的故乡，每个人都有自己的童年。童年的经历，对每一个人影响深远。请以自己成长的故乡为背景，讲述自己的童年故事。文章注意细节描写，写出童年的生活环境和风土人情，写出独特的人生经历和体验，写出陪伴你成长的人对你的深刻影响。

　　阅读《那一记响亮的耳光》，记叙你记忆中的难忘的童年。文体不限。字数：600—1000。

风吹过，依然美

🌸 **心灵寄语**

　　站在童年的旧时光里，伸手抓住的全是亮晶晶的梦想，它们在风中纷纷扬扬，构成一幅美好的图画。

　　一个人小的时候，可能会有很多美好的想法；这美好的想法浪漫而又柔软，就像风吹过，纷纷扬扬落下的杨柳絮，或者蒲公英的种子。后来，我们会管这些想法叫作理想。其实，那还不算理想，只能说是灿烂的梦想。这样的梦想来去都如风吹过，但留下的依然是美的气息。

　　我的第一个梦想是将来做一名医生，而且是赤脚医生。

　　我出生的小村，是在一个小镇上。村里的大路东西最为壮观，是直线，一马平川，而南北，曲曲弯弯的，好像一个人的皮肤上长满了疙瘩。当人们打招呼的时候，就可以说自己是去东头、南头、西头、北头，语言很有意思，既是指方向，也是目的地。

　　我家在村东头，西头是我的小学、镇卫生院、邮电所、税务所什么的。我喜欢去镇卫生院，卫生院有个我喜欢的老兄，叫党贵。他在化验室工作，他穿着白色的大褂，在我的眼里很帅。不知道为什么，那白色的东西总有种令我肃然起敬的感觉。医院里的白色墙壁、医生穿的白大褂，看了就会让人产生镇定和安静的感觉，似乎有人在做梦，我们不能打扰他一样。

党贵的化验室里，有个小小的书架。书架上清一色的医学书，厚厚的。有一本叫《赤脚医生手册》，砖头一样厚。

我很奇怪，为什么叫赤脚医生？那个时候，我以为赤脚医生就是不穿鞋子、不穿袜子、光着脚背个药箱去看病的医生，大约赤脚走路的味道很不好受，所以我在乡下从来没有见过什么赤脚医生。我看见党贵穿着皮鞋就问他："你怎么穿这鞋子，还有袜子，当个赤脚医生多好啊！"党贵听了哈哈大笑。他知道我喜欢看书，喜欢奇思怪想，言论很有趣，所以特别喜欢我。

我翻了翻《赤脚医生手册》很喜欢，什么望、闻、问、切，什么寸、关、尺，什么针灸，都深深地吸引了我。不过我很讨厌针灸，对那细长的银针既害怕又厌恶，以至于成年以后，还对打针怀有一种深刻的恐惧心理。我要借这本书看看，党贵笑了，说："你看这个做什么！"我脸红了，就像喜欢一个女生被别人揭穿了一样。党贵看我很坚决，就答应借我看看，但要我尽快归还。

很快，三天后，我就把书还给他了。因为我惦记着另一本书，是中草药方面的书。我从中看到了很多我认识的中草药。我怕他一次借我两本不答应，所以先借了一本不是太喜欢的，表示下我是多么言而有信，然后再借我最喜欢的。他很痛快地答应了。

在乡下，到处是郁郁葱葱的植物。如果不是翻看那一本中草药植物的书，我根本不知道很多很多植物都是药材，竟然能治病。在河边，薄荷草、旋覆花，以及长在小河两岸的蒲公英、车前草比比皆是。这一发现让我心花怒放，不亚于哥伦布发现新大陆。小小的童年，连心都是小小的，除了快乐和喜悦，什么都装不下了。

这本书是有图的，所以，植物的形状和特点很容易让我识别，然后和现实中的植物相比较。我想，这样我可以做一名医生了。成本小，容易学。书中草药的药性都写得明明白白，治什么病也写得一清二楚。我拿着书，读得如痴如醉。那个时候我就想：怎么乡村到处都是中药啊，都是宝贝啊。石榴皮能治病，橘子皮能治病，枣能治病，蝉蜕能治病，蛇皮能治病……我不知道什么不能治病。如果有什么草不能治病，那肯定是还没有研究出来。每次去打猪草，我都把书带上，去识别植物，真有点儿李时珍的味道。很意外，有很多植物的名字我原本叫不上来，但通过书我知道了他们的学名，如水红花子、茵陈、苍耳、鬼针草等等。

我突然觉得自己很有力量感，能帮家里做很多事。我把采集的中药都放在窗台外面晾晒，希望晒干后做药材。而且我觉得家里人以后都不用去医院看病了，吃我的中药就可以了。尤其是爷爷，一生都不喜欢医院，有个小病小灾的，都是自己硬扛。有时候，他痛苦地呻吟，也不去医院。母亲有时候需要含着泪来央求爷爷，但也无济于事。爷爷是个硬汉子，不到万不得已的时候，他是不会被人抬着、拉着去医院的。

我告诉爷爷，我要做个医生，爷爷用鼻子哼了两声，无喜也无忧。不支持，也不反对，等于没表态。

我高兴地告诉他，我在窗台上晒了很多中药，他也没理睬。我的热情如火一样，都要把自己烧掉了，所以根本顾不得大人的意见。

夏天的时候，骄阳似火。我采集了不少薄荷草，想让家里人熬汤喝，避暑。我告诉了奶奶，一定要煮。谁知我放学回家的时候，发现我在窗台上晒的薄荷草全不见了。

我问奶奶："你熬汤了吗？"

奶奶说："没有！"

我说："我的薄荷草哪儿去了？"

奶奶说："你爷爷把它们全部喂猪了！"

我的脑袋"嗡"的一声，好像一个硕大的气球，被一个针尖扎了一个洞。我泄气了。这是个不小的打击，把我想做医生的梦想彻底摧垮了，不留一点儿痕迹。

我很郁闷地把书还给了党贵老哥，重新又拿起了我喜欢的文学书。

一个人一生会有很多梦想，但有的梦想永远是梦想。如风吹过，依然美的杨柳絮，浪漫、柔软，是一份激动和兴奋的记忆。

精彩赏析

"一个人小的时候，可能会有很多美好的想法；这美好的想法浪漫而又柔软，就像风吹过，纷纷扬扬落下的杨柳絮，或者蒲公英的种子。"开篇运用了比喻的修辞手法，把儿时美好的想法比作杨柳絮或者蒲公英的种子，化抽象为具体，形象生动地描绘出美好的想法浪漫而又柔软的特点。这浪漫而又柔软的梦想是童年珍贵的回忆，"我"以成为一名赤脚医生为梦想，通过自己的努力借来医书，又在乡下各处辨别中草药，希望能帮家里人治病，可最终晒好的中药被爷爷当了喂猪的饲料，美好的梦想就这样化为幻影。

摸　蝉

❀ 心灵寄语

　　每逢夏日来临，蝉鸣便会不绝于耳，它们的声音清脆响亮、高低错落，奏出一曲曲美妙动人的乐章。

　　童年最有趣的事情之一，就是摸蝉。

　　我们从小从来不管蝉叫蝉，叫知了。很有意思的是，我们叫它的学名蝉，发出的音却是"山"。这是我们山西南部的方言。

　　在我印象中，蝉分两种：一种是鸣蝉；一种是哑蝉。但它们是同一个品种。如果按照体积大小、叫声的不同，还可以分一种，"压油蝉"。这种蝉体积很小，发出的声音不那么尖锐，反而很悠扬。它发出的是"压油"的声音，尾音拖得特别长，好像是什么抒情的乐器发出的声音。知了的叫声就有点儿刺耳和尖锐了。但这种压油蝉乡下很少能见到，我是从山里看到的。

　　知了体型大、肥硕，在它的背上有个"W"或"M"的英文字母，记不清是哪一个了，就像是一个签名一样。它的翅膀闪闪发光，身体黑亮。但那种压油蝉，翅膀似乎有点儿发绿，身体看起来很单薄，就像营养不良似的，但它很机灵。我们摸蝉，摸的都是知了，而所谓的压油蝉，我们从来没摸过，也没有逮住过。大自然的一切，似乎都有短长优劣。大的笨重，小的机灵。造物主造万物是很公平的。

夏天是蝉最活跃、生命力最旺盛的季节。它们从泥土里爬出来，要完成一个生命蜕变的过程。我们摸蝉，正是从这个时候开始的。当它们刚刚从泥土里爬出来，爬上树的时候，我们带着口袋或者瓶子什么的容器去摸它。那个时候，它们还是蝉蛹，没有脱去外壳，不会飞，所以一摸一个准。它爬行的速度很慢，一般爬到超过一个小孩身体的高度，就不再往上爬了，就会脱颖而出，变成真正的蝉，然后飞向高高的枝头。

故乡的小河边，有几排高大粗壮的白杨树，那是我们摸蝉的好地方。天快擦黑的时候，一切都朦朦胧胧的，那个时候，我们就开始去河边摸蝉了。白杨树银白的树身就像暗下来的雪或白纸，只要上面有一个小小的黑影，那准是知了。不过，也不是百分之百的准确。比如，有时候就摸到了一个树疤，有时候摸的是一条毛毛虫。摸到树疤没什么，只是淡淡的失望，要是摸到一条毛毛虫，那会头皮发麻的。眼睛是看不清晰的，只能靠手感。那毛毛虫无论是软乎乎的虫子，还是长满毛的毛茸茸的虫子，给人的感觉都像是触电一样，一惊，之后心便狂跳半天。如果遇到这种情况，再摸蝉的时候就会加倍的谨慎。

有时候，我摸蝉的时候会碰到很多人。大家相互打招呼，偶尔还比一比，看你摸了多少，我摸了多少。有时候就我一个人。在乡下，童年都是听着鬼故事长大的，所以天一黑，我会不由自主紧张起来。摸一会儿蝉，我就会朝四处看看。四周很静，一声轻微的响动都会引起我巨大的恐慌。所以，只要我感觉摸得差不多了，就赶紧回家。

回到家，把这些蠕动的蝉倒在地上，用脸盆倒扣着，或用筛子倒扣着。要不然，它们从壳里爬出来，长出翅膀，会飞掉的。待到第二天，那些蝉都从壳中爬出来了，如果是脸盆中扣着的知了，因为缺乏足够的氧气，它们身体是绿色的，翅膀扭曲着，无法蜕变成真正的蝉。而这些蝉，就成了我们腹中的美味佳肴。或者用火烧着吃，或者用油煎着吃。那肉丝很细、很嫩，和我们吃的别的肉的味道大不相同。现在人喜欢吃野味，而知了算是纯正的野味了。

乡下树多，知了也多。地下好像埋藏着无穷无尽的蝉蛹。尽管我们就像无情的杀手一样，摸了那么多蝉，可是第二天，我们发现，依然会有很多金子一样的蝉蜕醒目地爬在树上，似乎想让我们重温那条金蝉脱壳的成语。而那高高在上的脱壳而出的知了，得意扬扬地鸣叫着，好像在嘲笑我们一样。

这蝉声叫的也很奇特的。清晨，第一声蝉鸣，真像汽车发动机刚刚启动的声音，懒洋洋、慢悠悠的，然后就像上了高速公路一样，铆足劲儿开始奔驰了。之后，东西南北的蝉都开始鸣叫起来。你不知道蝉在什么地方，到底有多少蝉在叫，好像天空中飞下一张大网，整个世界都被笼罩在蝉鸣里。当你用眼光仔细寻找的时候，你就会发现那一棵柳树上会有很多只蝉，有的只抓住了一根细细的枝条，好像在打秋千一样。微风一吹，那蝉也在惬意地轻轻晃荡着。当你猛地蹬一脚树身，那蝉会惊叫几声飞快地逃走，然后撒下几点液体。后来才知道蝉的嘴巴下面有一根长长的吸管，那是吸树汁用的，而我总不大相信，那么软软的一个东西，如何能扎进坚硬的树皮里？相信不相信，这都是科学的知识。而在夜晚的时候，偶尔会有一两声蝉鸣，真不知道它们是不是也做梦？或者是被噩梦吓醒的。

摸蝉，摸的是一份快乐，也许还有小小的成就感。而剩下的蝉蜕，我知道那是一种中药材，有小毒，但我更愿意相信那是一种嘲笑。笑我们总是缺乏耐心，让它们溜之大吉。然后一日一日地唱歌，气我们这些小小的人儿。

精彩赏析

文章开门见山，点明叙述的主要内容："童年最有趣的事情之一，就是摸蝉。"接着又用生动的笔触将摸蝉的趣事娓娓道来："夏天是蝉最活跃、生命力最旺盛的季节。它们从泥土里爬出来，要完成一个生命蜕变的过程。我们摸蝉，正是从这个时候开始的。"在河边、在树下，一个个摸蝉的身影跃然纸上。"'我们'在摸蝉的过程中见证了蝉的蜕变，声声蝉鸣点缀了记忆中的夏天"，表达了作者对无忧无虑、自由自在、充满乐趣的童年生活的怀念之情。

草筐里的秘密

> 旧事像一幅幅五彩缤纷的画卷，展开其中的一幅，便看到小小的草筐里承载着大大的梦想。

小时候，最爱干的农活之一就是打猪草。如果说量力而行，那么打猪草是最适合农村小学生体能的农活了。那个时候猪吃草，不像现在的猪越来越娇贵，吃粮食，不吃草了。我小时候体弱多病，一阵风似乎都能吹跑，脸色是那种苍白、惨白，一看就是大病在身的人。所以，繁重的体力劳动不仅会让我喘不过气来，而且还会让我的眼睛一阵一阵地发黑，头发晕。

星期天，我会挎一个草筐，兴高采烈地去打猪草，好像很勤劳的样子。

我大声对家里人说，我去打猪草了。然后，趁大人不注意，悄悄往草筐里塞一本书，一溜小跑去打猪草。

童年的读书经历，真有点儿打仗的味道。前有伏兵，后有追兵，我只能选择游击战。在学校，班主任老师一双阴沉的眼睛总盯着我；在家里，父亲一双尖锐的眼睛总盯着我。学校和家里都不是我读书

72

的环境。拿一本文学书，心神总是游移不定。后来，我找到了一个读书的好去处——河边。

如果专门抱一本书去河边，那会遭到父亲训斥。这个样子，容易让人误认为是游手好闲。在父亲眼里，我读的本来就是闲书。要是我打猪草，那就不一样了。既帮家里干了活，又满足了自己读书的愿望，可谓是一举两得。

故乡有一条稍大一点儿的河，叫青龙河。不知道青龙河有什么来历，没有一个人能告诉我，但我想象中，那一定是富有传奇色彩的。我读过不少民间故事，所以我深信它是有个什么有趣的故事被人们遗忘了或失传了。这条河在小小的峡谷之中，两岸有树、谷底有树，也有水灵灵的草。水很清澈，像是山泉水。很遗憾的是，这水和我的年龄正好相反，我年龄越来越大，水流却越来越小。最早的时候，青龙河上还架了一座桥。再后来河水干涸了，只剩下孤零零的桥，孤独而又寂寞地怀念着快乐的日子。

我喜欢在青龙河边打猪草。这里的空气很清新，树碧绿、草青青。河的两边长满了白杨树和柳树。到了这里，我把草筐往身边一放，倚着大柳树就开始读书了。草丛中偶尔会有青蛙的叫声，但更多的是树上的蝉声。当太阳还没有完全照耀大地、天气还没有完全热起来、蝉声还没有开始悠扬起来，这一刻是读书最佳的时机了。读着读着，第一声蝉鸣慢悠悠地响起来了，紧接着四周的蝉声都开始比赛似的响成一片了。

这个时候，我便合上书，开始打猪草了。

也许是因为喜欢读书的缘故吧，我真正的儿时伙伴很少，差不多都是独来独往。就算打猪草，也很少结伴而来。如果有伴，就无法读书了。整个童年，印象中仅有过几次和十个八个小伙伴打猪草的经历。我们不是唱歌，就是骂架。唱歌唱那种"东风吹，战鼓擂，现在世界上究竟谁怕谁，不是人民怕美帝，而是美帝怕人民"的歌儿。声音震天动地，吓得鸡飞狗跳，好像日本鬼子进村了一样。要么就你骂我我骂你，看谁的声音大，骂"狗儿疙瘩板板草，你妈要你现世宝"。狗儿疙瘩，是狗尾巴草，板板草也是一种草。这两种草都是猪比较喜欢吃的食物。但它们的形状，正好形成一个鲜明的对比。狗尾巴草是向高里发展的，就像大个子一样，而板板草是平贴在地上向横里发育的。前者纤细，后者肥硕。

我出去打猪草，弟弟也会去打猪草。奇怪的是，我们从来都没有相遇过。只有到了家里，我们才像是约好似的一前一后进了家门。父亲看见我们进了家门，总是喜上眉梢。尤其是见了弟弟，开心得不得了。从小，弟弟就很受宠，机灵，长得虎头虎脑的，有眼色，干活也比我强很多。所以弟弟的话在父亲那里是很有分量的，而我——父亲见了总是皱眉头——就像是看到一团晦气一样。

父亲总是表扬弟弟："打得不少啊，把我娃累坏了吧，快去洗洗，歇歇！"

而我，遭到的是训斥和白眼，因为我打得猪草没有弟弟多。

我不辩白，但心里很不服气。不过这也有好处，父亲不注意我，我就能把藏在草筐底下的书悄悄地取出来，赶紧藏好。

但我对弟弟很不服气，他怎么每一次打的猪草都比我多呢？有一次我实在忍不住了，就去检查他打的猪草。这一检查不要紧，严重的欺瞒行为呀。原来，弟弟是把草徐徐散开，就像一个膨胀的面包一样。而我打猪草，总是把草压的实实的，像一块石头。一虚一实，就是我和弟弟打猪草的区别。

我揭发了弟弟弄虚作假的行为，没想到父亲袒护弟弟，他训斥我："你弟弟那么小，这已经很不错啦。"在父亲的心里，弟弟的做法是聪明、有出息。

整个童年，差不多就是这样过来的。我就像一棵山谷里的小树一样，自由生长。自己去争取阳光，自己去汲取水分，藏着无数无法向人倾诉的秘密。

可能是童年的印象太深刻了，所以，多年以后，我每看到绿油油的青草，就会情不自禁地想："这个猪草真好，猪吃了肯定上膘！"回到家乡，说给父亲听，他苦笑着说："哎呀，多少年的老皇历啦。你离开农村太久了，你不知道吧，现在的猪都不吃草了，吃粮食啦！"

我惘然若失，无限感慨，这猪，有一天也会进化成人吧？

精彩赏析

文章在开篇便交代了故事的起因："小时候，最爱干的农活之一就是打猪草。如果说量力而行，那么打猪草是最适合农村小学生体能的农活了。"由此引出下文，揭开"草筐里的秘密"："我大声对家里人说，我去打猪草了。然后，趁大人不注意，悄悄往草筐里塞一本书，一溜小跑去打猪草。"可见热爱读书的"我"为了给自己创造一个良好的读书环境煞费苦心，借着打猪草的名义偷偷满足自己读书的心愿，真实动人。结尾回忆往事，感慨世事变迁，表达了对童年的怀念。

一院子的灯火

在黑暗中踽踽独行，终有人为你点上一盏灯，温暖着你的心房，照亮你回家的路。

童年的孤独和寂寞，就像我家的那条胡同一样，幽深悠长……后来，我终于明白了很多伙伴不找我玩的原因，就是惧怕我家的胡同。

我家的胡同，最早的时候挺宽的。后来因为你盖房子我砌墙，大家都侵占公共的空间，所以胡同越来越窄了。现在胡同只能过一辆小平车，两辆自行车相遇，彼此相让才能通过。

胡同是土路，下雨天，遍地泥泞。晴天，阴影重重，几乎看不到太阳。虽然这段路不太长，但给人的感觉很幽深。这条胡同里住着两三户人家，由于这样或者那样的矛盾，相处的并不太友好。

我白天出去玩耍，一般总是在黄昏之前就赶紧回家。如果天黑下来，我一个人走在胡同里，就感觉毛骨悚然、后背发凉，似乎有人在轻手轻脚地跟着我。

乡村是鬼怪故事的发祥地。小时候，我听母亲讲过很多神神鬼鬼的故事。这些鬼怪的故事刺激着我的神经，给我带来了快感，但同时也给我的想象力涂上了阴郁的色彩。恐惧就像自然界的小风一样，随时可能会向我袭来。而夜晚是最容易遭到恐惧袭击的。

我对付恐惧，或者说给自己壮胆，也采用了种种办法。比如大声唱歌，比如给口袋里塞一些鞭炮，比如装一盒火柴。传说中，鬼是怕光的、怕声音的，但特别喜欢小孩子。它会附身，让一个人迷失神志。

童年的时候，我还是有几个好朋友的，比如镇邮电所邮递员的儿子，他和我是小学同学。奇怪的是，他从来不找我玩，都是我去找他的。仅仅只有过一次，他带着几个小伙伴，站在我家胡同口，几个人一起喊我名字。我爷爷觉得很奇怪，他说好像有人喊你，我从家里走出来，才发现那几个家伙扬着头、扯着嗓子、冲着天空喊我的名字。

我出来埋怨朋友："你怎么不来我家，站在这么远喊什么？"

他说："哎呀，我可不敢，你家这个胡同太吓人了。瞧瞧，我带来好几个人，都不敢去你家！"

我故作轻松地说："这大白天的，怕什么，没鬼！"

他的脸色马上就变了："哎呀，你别这么说。走走走，一起玩去。"

他拉拉扯扯就把我拽走了。

胡同是孤独的，也是寂寞的，平日里，很少有人来这里走动。它就像深山老林里隐藏着的一条从来没有人走过的路一样。

洋槐花开放的季节，天气就暖和了。夜晚，月光很温柔地洒在村庄里。走出胡同口，就可以看见几个妇女在摇纺车。她们把轻便的木制纺车搬出来，几个人在马路上摆成一个堆儿，一手转动着木柄，另一只手抽着线。大家都不说话，只有纺车转动的声音。只有在这样的夜晚，走出胡同，或者从外面回家，我心里才踏实。

很奇怪的是，乡下的夜晚，没有月亮的时候，黑得出奇。一个人走路，基本上和盲人差不多。在冬天，如果再刮着北风，这夜晚比任何一个侦探小说家笔下的夜晚都阴森可怖。我非常不明白的是，一个小学生为什么要上晚自习。但那个时候，我的确上过。

我挑着一盏油灯，深一脚浅一脚地往家走。纸糊的灯罩根本挡不住呼啸的北风，它不是被吹灭了，就是被吹着火了。然后我陷入更深的黑暗之中，碰过树，撞过电线杆，撞过墙壁。心里一紧张，熟悉的路也变得陌生了。

赵本山的小品说家里有几样电器，其中之一是手电筒，现在听起来真的是笑话。但那个时候，有几个人买得起呢？只有很富足的家庭，才能拥有这样的奢侈品。

后来，油灯换成了电灯，家里也有了手电筒，但我依然不敢在夜里外出，尤其是伸手不见五指的夜晚。记得有一个夜晚，我刚拐进胡同口，突然听见一声咳嗽，我的毛发耸立，呼吸似乎都凝滞了。我站着，呆呆地，无助地等着无情的魔鬼任意的宰割。

一个看不见的人影从我身旁走过，我只感觉到一阵风从我身边经过，其余的我什么都看不见。我发了一会儿呆，才虚弱地往家里走去。原来，是一个夜行人从我身边走了过去，因为他听见了我的脚步声，怕相互碰撞上，所以他才咳嗽一声，提醒我注意。

回到家，我发现我的后背都冒出了冷汗。可能是我的脸色刷白，爷爷很奇怪地看了我一眼。他明白的，我一直是个胆怯的人。

后来，爷爷把电灯拉到了院子外面。我上晚自习的时候，院子里的电灯就亮着。我一拐进胡同口，就看见了一院子的光明。等我推开门回到家里的时候，发现爷爷已经睡了。他给我留着一院子的灯光啊！

我一直没有和爷爷交流过。亲人之间，有时候是不用语言来交流的。小小地用心下，就会发现那爱就如这一院子的灯火一样，温暖、光明、美丽、感动。

胡同深深，深深的不仅仅是童年的孤独和寂寞，还有一院子的灯火……

精彩赏析

本文主要讲述了小时候"我"惧怕漆黑的胡同，爷爷给我留着一院子灯光的故事。文中多次运用了环境描写的手法，"阴暗狭窄的胡同很容易让我联想到鬼故事，朋友也不敢来找我玩""油灯被吹灭的我在胡同里跌跌撞撞""黑暗中路过的行人令我毛骨悚然""胡同是土路，下雨天，遍地泥泞。晴天，阴影重重，几乎看不到太阳""很奇怪的是，乡下的夜晚，没有月亮的时候，黑得出奇"，把胡同的恐怖展现在读者面前，表达了"我"对这条胡同的畏惧。后来细心的爷爷发现"我"害怕之后，为"我"在院子里点亮了一盏灯，表现了爷爷对"我"的关爱呵护，以及"我"对爷爷的感激怀念。

爱笑的童年

> 威廉姆·拉尔夫·英奇曾经说过："最幸福的似乎是那些并无特别原因而快乐的人，他们仅仅因快乐而快乐。"童年清脆欢快的笑声，一点一滴，汇聚成快乐的海洋。

小时候，我特别喜欢笑，一笑起来，就像老母鸡刚刚下完蛋一样，咯咯咯，没完没了。不笑完，或者被打断，那就像是在厕所里没有方便完一样，会憋得很难受。

我不知道为什么，像我这样苦大仇深的人，没长一张苦瓜脸。相反，倒是像春风盘踞在我皮肤的每一个细胞里，一直在吹，吹得我的脸像一朵绽放的菊花。

人们都说，喜欢笑的人性格开朗、乐观，这一点倒是真的。但也是胸无城府、注定成不了大事的人的写照。

父亲有时候会很疑惑：我儿子是不是智力障碍者？他不能理解我的笑。

我的笑，好像和别人总不太一样。我随时随地都能发现可笑的事情。比如说，一只鸟儿在树上没踩稳，差点从树上掉下来。我会哈哈大笑一通。比如说，一只苍蝇拼命地撞击玻璃，我一样会哈哈大笑。我觉得生活中有趣的事情太多了。而自己，有时候也能给自己制造笑料。比如说，自己的扣子扣错了、袜子穿反了、墨水弄到嘴角上了、把同桌的课本当成自己的随便乱画……生活中有那么多可乐的事儿，我不笑是非常残忍的。

我对不起我的心，对不起我的眼睛，对不起那偶然或者必然的可笑的事情。而我一直觉得，心里似乎总有一股清泉，咕噜咕噜往外冒。我应当顺从它，无论它是奔向小溪还是大河，我都不应该阻拦它。

小时候，我很喜欢听收音机，爷爷买的。他喜欢听戏，而我喜欢听歌曲、听评书，尤其是喜欢听相声。到了晚上，炕上点一盏油灯，奶奶纳鞋底，爷爷躺着睡觉。我从来搞不清，爷爷是真的睡着了，还是闭着眼睛想心事。我抱着收音机，听相声。

听到开心处，便哈哈大笑。笑过之后，再笑。一段相声，尤其好相声，不可能只给人一次笑的机会。我每笑一次，奶奶就会充满疑惑地看我一眼，然后继续纳鞋底。

有一次，我笑得正不可开交，突然我似乎听到了爷爷在小声叫我。我趴在炕上，一抬头，看见爷爷也趴在那里，正目不转睛地看着我，一遍一遍地小声地喊我的名字。

"武林，武林，武林！"

我吓一跳。爷爷从来都是很暴烈的，他要是发了脾气，比一头豹子还要厉害。别说我，我父亲、村里的人都害怕他的。听到他这么温柔地叫我的名字，我倒笑不出来了。

我吃惊地答应道："爷爷，怎么了，有事吗？"

爷爷说："你笑啥呢？"

这个啊，哎，哈哈哈，我又笑了。

我说："这是相声，很好笑呢！"

爷爷就像个测试精神病人是否正常的医生一样，看到我一切正常，那张警觉的脸终于缓和下来了，而且还露出了笑意。从小，爷爷就一直担心我神经不正常。一呢，我看书太入迷，是个书虫。二呢，反应特别迟钝，我思维太活跃，总是满天飞舞，谁要是喊我第一声和第二声时我反应肯定是很茫然的。三呢，我特笨、傻、缺心眼，太实在，不机灵。总是和常人有点儿不太一样，所以爷爷一直密切关注着我。童年这个时期，差不多都是在爷爷的担忧中度过的。很多年之后，我才明白爷爷有时候给我说那些无聊的甚至是莫名其妙的话是啥意思，有时候仅仅是喊我的名字几声，当我回答了，他倒啥事也没有。这是在测试我啊。

我是长子长孙，我后面还有一个妹妹两个弟弟，他们的性格和我就不一样。他们该笑就笑，该严肃就严肃，我就不行了，再严肃的事情，我也会笑出声来。这样容易给大人一个印象，没个正经，不能托付事情，不放心。如果在战争年代，那绝对不适合做地下工作者的。后来因为这个笑，我被母亲结结实实地冤枉了一顿。

有一天，母亲突然发现她藏在米面瓮下面的十块钱不翼而飞。那个时候的十块钱很值钱，至少能顶现在的五百元。这可不是个小事，对于我们这样贫穷的家庭来说，那不是一笔小钱。所以，母亲很生气，她让我们兄妹四个人排成一队，站在院子里。我们是按照年龄大小排的。母亲像个教师一样，开始训话。

"说，你们谁拿了钱！拿了就交出来，我不计较。"母亲软硬兼施，但我们几乎异口同声地回答："我没拿！"

这太可笑了，是回答老师的问题吗？哈哈哈，我自己笑了。

母亲马上盯着我了："说，是不是你拿了？"

我说："没有啊，我怎么会拿！"

母亲说："没拿你笑什么，分明是心里发虚！"

什么逻辑啊，哈哈，我觉得可笑，我想笑，她越这样问我，我笑得越厉害。

妹妹是女孩，胆小，她说没拿，母亲是相信的。

二弟大眼睛，虎头虎脑的，母亲问他，他两眼都要冒火，因为愤怒和屈辱都要落泪了。母亲吓得不敢问了。

三弟平常话就少，好孩子，说没拿就真的没拿。

这样，转了一圈，母亲还是怀疑我。因为我嫌疑最大。这么大的事情，竟然还笑，正常吗？母亲还想审，但我笑得东倒西歪的，也审不下去。所以，这个事情不了了之了。

事情没出一个月，母亲突然获得一个消息，二弟最近经常大吃二喝，买好吃的东西，还和同学下馆子。那么小，竟然会拉帮结派显摆了。不用问，这钱是二弟拿去了。果然，母亲一审，二弟马上就招认了。因为有了证据，赖也赖不过去了。

这一次的委屈，我是受大了。爷爷觉得很过意不去，自己拿出十块钱给了我，算是补偿。我问母亲："你为什么确定是我拿了？"母亲说："你没拿你笑什么呀！"都是笑招来的祸事。

我一直爱笑，长大了依然如此。也许是我看到了别人没有看到的可笑的细节，也许是我本身就有很多笑的细胞期待释放，不管怎么说，我还是喜欢和爱笑的人相处。这笑声能让太阳变得更亮，天变得更蓝。

精彩
──赏析──

　　本文主要回忆了作者儿时的趣事，把故事的主人公憨厚可爱的孩童形象描绘得惟妙惟肖。"小时候，我特别喜欢笑；一笑起来，就像老母鸡刚刚下完蛋一样，咯咯咯，没完没了。"这句话运用了比喻的修辞手法，新奇独特，将"我"笑起来的神态生动形象地呈现出来。后来"我"因爱笑被爷爷和父亲担心精神不正常，被母亲冤枉偷钱，但"我"始终保持着这样爱笑的性格，表现了"我"乐观开朗的人生态度。文章语言风趣幽默，风格轻松活泼，让读者在轻松喜悦的氛围中体会纯真与美好。

──────────

像猎狗一样去找书

> 俗话说"至乐莫如读书"，此话确实不假，读书实在是一种乐趣，一种享受，让人沉浸在美好的环境里，如沐春风，如饮甘霖。

童年的读书生活，是贫瘠而又丰富的；贫瘠是没有什么好书读，丰富是逮到什么读什么。这份读书的自由、快乐，不一定是好书或经典能够带来的。就像一只快乐的蚂蚁，在大地上随便行走。不一定非要什么目标，不一定非要走什么路。

自从小学三年级，读了第一本长篇小说之后，我对阅读产生了浓厚的兴趣，疯狂地迷恋上了读书。在我看来，书给人记忆中留下的是长久的乃至永恒的快乐。它更像一粒种子，埋在人记忆的沃土里，发芽，长成参天大树。

爱上读书是幸福的，但痛苦也随之而来。我的小村，只有一个小小的新华书店，且是三六九集日才开门。我们家大人多，孩子多，日子过得很清贫，没有钱买书。我都没记得我在新华书店买过什么书，更何况那个新华书店的人对我们这些穷人的孩子从来都是一副凶神恶煞的样子，他只有一句很不耐烦的话："不买别看！"

所以，我像猎狗一样，开始从村子里面寻找书。无论是大人，还是孩子，只要有书，我就像磁铁一样紧紧地粘着他，把书借来。

我有一个同学，他家在村的西头。有一次我去他家找他玩的时候，发现他正在苹果树下专心致志地看一本书。我走进他家的院子，他都没有发现。那本书很厚，发黄了，就像发酵过度的面包一样。我好奇地问他："这书好看吗？"他美滋滋地说："真带劲！"儿时看到喜欢的书，评价最佳的一句话就是"带劲"了，这句话和现在的"给力"差不多。我说我看看，他说他还没看完呢。我看得出来，他对我的到来不大高兴，因为我打扰了他阅读。我努力让他放下书，放松警惕，然后装着漫不经心的样子说："这书有那么好看吗？"他肯定地说："当然！"这本书的名字叫《红日》，过去拍过电影，现在拍成了电视剧。那个时候，我对战争文学特别迷恋，现在依然如此。

于是，我开始施展我的软磨硬泡的蘑菇功，想借去看看。他起初是不答应的，但架不住我的再三恳求，最后答应了，条件是：三天之内必须还给他！这个当然没问题，小时候读书没别的，只有一个"快"字，古人读书的"一目十行"实在不算什么本事，现在的孩子估计每个人都能做到。更何况现代人写的作品，空上十行二十行不读，依然能衔接得上。但那么一本厚书，读完的确是要花费一点时间和精力的。白天读书的时间有限，需要上课，偷偷读很不过瘾，所以，还是得利用晚上的时间大张旗鼓地阅读，才能充分享受到阅读的乐趣。

小时候读书，处处受限制，但都是以爱的名义。父亲和老师怕我荒废学业，而爷爷则是怕我读坏了眼睛、读坏了脑子。读这本书是一个很有趣的故事，这个故事写在我的《躺在被窝里读书》那篇散文里了。基本上和爷爷捉了一晚上的迷藏。一本好书，就是勾心的小虫子，尤其是读到关键处，那种欲罢不能的状态让人很难受，似乎整个魂儿都丢了。另外，同学催促的时间也很重要，如不能按期归还，不仅友情受到威胁，而且以后都不可能再借到别的书了。当然，我如期归还了。他问我："怎么样？"我说："特带劲儿。"他嘿嘿笑了，意思是他的眼光很准，尽管在笑，还不忘翻翻书，看我是不是把书弄坏了什么的。

　　一个人有点儿爱好，是不容易的事，但要保全自己的爱好，那多多少少都是要付出代价的。代价有时候还很沉重。我读那本没皮没尾的《苦菜花》，就吃了一个大苦头。

　　那一次，我去一个和父亲关系不错的朋友家里，在他家的土炕上，我看到了一本书，发黄、卷页、没皮没尾。我想借看看，但人家不同意。那位大叔说："这本书有毒的！"我不知道啥是毒，以为是被农药泡过的。我说："没事的，我小心点！"我还特意把书放在鼻子底下闻了闻，没有农药的味道。他笑了。那个时候，我并不知道"毒"是啥意思，这个"毒"是国家查禁的书，读了有害，若是被别人知道或是告发，那可了不得。我软磨硬泡了一下午，竟然没有把这本书借到手，这让我非常难过。但我毫不气馁，第二天，我又去借书了。

　　我去的时候，发现这位大叔在干活。他家里伐了几棵很粗很笔直的白杨树。他正挥舞着刮刀，刮树皮。我不容分说，抢过他手里的刮刀，就开始帮他干活了。其实，我从小体弱多病，干活很不在行的。在家里，常遭父亲的白眼，而且我连两个小弟弟都不如。但我为了借到这本书，挥汗如雨地帮别人刮树皮。不知道干了多久，我才发现父亲来了。这位大叔很尴尬地笑着，父亲冷着脸，恼羞成怒地说："怎么，吃饭都不回家，还要我来找你！"我吓得丢掉刮刀就跑掉了。回到家，我挨了一顿老拳，父亲狠狠地训斥我，自己家里的活放着不干，竟然帮别人干活。父亲的恼怒，我很能理解，这不等于是帮别人养儿子吗？但他根本不知道我是为了那本书……但我要是实话实说，那样后果会更严重……

我像猎狗一样，有着灵敏的嗅觉，谁家有书，那是逃不过我的眼睛和鼻子的。非常有趣的是，我竟然有了几个比我小几岁的朋友，他们有的是我同学的弟弟。他们都是小书虫，而且在借书给我读方面是比较慷慨大度的。几十年过去了，有的依然是我的朋友。很可惜的是，估计他们都放弃了阅读的习惯。

童年的阅读，是真正的乱翻书。没有读过什么必读书，也没有什么人指导，但我像一只猎狗一样，疯狂地寻找着自己的猎物。这份饥馑，这份自由，也是阅读的一种快乐和幸福。

精彩赏析

标题"像猎狗一样去找书"用了比喻的修辞手法，把找书的自己比作寻物的猎狗，生动形象地表现出"我"对读书的迫切和渴望。文章先交代了爱书的原因："自从小学三年级，读了第一本长篇小说之后，我对阅读产生了浓厚的兴趣，疯狂地迷恋上了读书。"然后展开叙述寻找书的经历：为了借书对朋友软磨硬泡，为了借书帮大叔刮树皮。可见虽然阅读条件十分艰苦，但是"我"始终保持着对读书的热情，坚持着阅读的习惯，并因此受益良多。

窗外的蒲公英

总有一些温暖不期而遇，生生不息地摇曳在岁月的枝头。窗外的蒲公英悄然绽放，成为生命中最美的守候。

当第一朵蒲公英在窗外开放的时候，我惊喜万分。这是从童年而来的植物，我走过的路上几乎开满了这样的小黄花。我很诧异它顽强的生命力，在湿润肥沃的土地上可以生长，在干旱贫瘠的田埂路边也可以生长。只不过一个水润些，一个干巴些而已。

小时候我就认识它，知道它是一种中药，清热解毒，本身也有小毒。无论折断它的叶片还是细茎，都会滴出乳白色的汁液，如牛奶一样。在乡下，和它常常相邻的还有一种植物——车前草。我们那里的方言叫它车（读差音）轮草，我们把车轮也叫车（差）轮。晋东南的方言就是奇怪，换一个县，甚至一个镇，许多字的读音就不一样。和我们相隔二里地，是邻县的一个村，我有一个小学同学是那个村的人，他许多字的读音和我就不一样，为此我们常常笑话对方，当然示弱的总是他。

小时候我相信一切，尤其相信书，在我看来，知识是很抽象的

89

东西，而书是很具体的东西。书就是知识，知识就是书。书上的一切很容易在我们心里扎根。我们相信一切神奇的东西。尽管我小时候并没有读过什么童话，但我相信猫和狗会说话。现在的孩子依然如此。否则，童年就不叫童年了。我们相信书是真理，相信老师的话是真理。这种念头一旦遭到质疑的时候，就证明我们已经长大了，我们开始用自己的经验和知识重新审视一切。

童年的时候，我们喜欢享受大自然，但却不关注大自然。我们无忧无虑地在大自然中享乐，但却不具备了解它们的热情和定力，因为有太多的事情来分散我们的注意力。忽略这一个环节之后，成年以后，我们很难能补上这一课。记得我曾经在南京参加了一个夏令营，意外地看到一棵树上开满了紫色的花。我非常想知道这棵树的名字。我询问了几乎二三十个成年人，他们都很羞涩地表示不认识。后来我终于查到了，那棵树叫紫薇树，也被称为痒痒树。它的树皮呈脱落状，好像被人抠去了一样。轻轻地挠挠树干，树便会轻微地颤动，好像痒一样。它也是一种中药材。

热爱大自然，像泡泡糖一样，可以粘在任何人的嘴上。但等我们问路上的行人，路边的一两种树叫什么名字的时候，我相信大多数人都会不及格。其实，这没什么丢人的，不懂问一问知道的人就可以了，但是，恐怕很少有人会去询问。我们对于熟悉的事物喜欢熟视无睹。其实，并不是真正地熟悉。我也是临近中年的时候，才突然开始密切地关注这些植物，以及童年印象中的植物，甚至包括自己写过的植物。当我看到曾经在职业中学发表的诗作《三月，槐花飘香》的时候，我疑惑了，槐花是三月开放的吗？人到中年，开始怀疑一切，甚至是自己。许许多多的知识，开始重新求证。我最喜欢做的事是，用科普知识武装自己。我发现，各类的植物书、中草药书，图片和现实对应起来很不容易。而科普的知识，也出现了不可靠的一面。

我在读叶灵凤写的花花草草的小册子时，发现它介绍的花花草草开花和结果的时间，总与我阅读的权威的植物书有脱节之处。后来我终于明白了，他写的是南方的植物。这是一种常识，南方和北方因为气温的差异，同一种植物开花和结果的时间不同。科普的书，如果不结合南北的特点，给出的结论很容易给人误导。尤其是儿童。这种知识虽然不是错误的知识，但却不是准确的知识。所幸的是，成人完全可以用自己的经验来审视知识，但儿童很难具备这种能力。

很多人相信知识，不太相信经验。这是可悲而又可怕的。如同读死书，死读书一样，刻板而又教条。一个人如果不能补充和完善乃至更新知识，那么他就不能算智者。个体的经验，也是一种知识，是对普世的知识的一种补充和完善。但大多数人是排斥个体经验的。这种现象比比皆是，在我们日常生活中随处可见。比如，我写童年的散文的时候，写一个老师讽刺和挖苦我的理想，但是编辑却不相信，他说他做过老师，这种现象是不存在的。我很无语，这明明是我个人真实的经历，怎么可能没有？这种例子还算不上知识和经验的交锋，只能算是个体经验与个体经验的碰撞。另一件事，才是真正意义上的知识与经验的较量。

我曾经写过一篇散文，写蒲公英的。本想收进我的集子里，但编辑不同意。她本人觉得我写得很美，但是写蒲公英开花的时间不对。她查阅了很多科普资料证明我是错的，所以不同意。我自己也查了一下，一个老北京的人在博客上写过蒲公英，他发现的蒲公英开花时间比科普书上的时间早半个月，等第二年的时候，我窗外的一株蒲公英比老北京人写的蒲公英开放的时间又早了半个月。最终，这篇文章还是没有收进集子里。

窗外的蒲公英开了，我相信它比书里的蒲公英更真实些吧。

精彩 — 赏析 —

"当第一朵蒲公英在窗外开放的时候，我惊喜万分。"作者以对蒲公英的介绍开篇，向读者讲述了作者对蒲公英的认知。然后引出话题"知识和经验的较量"，展开描写了"人们热爱大自然却不关注大自然""科普知识出现了不可靠的一面""大多数人排斥个体经验"等普遍现象，表达了自己的态度和看法：个体的经验，也是一种知识，是对普世的知识的一种补充和完善。结尾"窗外的蒲公英开了，我相信它比书里的蒲公英更真实一些吧"，照应开头，肯定个体经验的价值，希望人们能用自己的经验来审视知识，对读者具有启发和教育意义。

夏天的味道

🌸 **心灵寄语**

> 树木葱郁、鸟叫蝉鸣，童年的回忆让匆匆而过的夏日时光别有一番韵味。

夏天，太阳就像是个巨大的烤箱，把植物们的味道全部烤出来了。在乡下，到处都是植物的气息、泥土的气息、花朵的气息。

但有一种味道，幽幽的、凉凉的，带着几分微苦的气息，以及浓烈的芬芳在风中飘扬。尤其是在午后，小风儿一吹，沁人心脾。那是水库里的水、荷叶，以及荷花散发出的味道。

我喜欢水。像青蛙和鱼儿一样喜欢水。我挺羡慕那些蝌蚪、河虾什么的，就连那躲在水草之中蜷曲着身子的小虾，都很令我羡慕。在夏天，它们的生活充满了自由和快乐。它们不仅能躲开太阳的暴晒，而且还能感受水的清凉和惬意。

那水草，长得葱茏、娇嫩。陆地上的草是无法和水草比色泽的。似乎，水草都像水晶一样闪亮，从这一面就能看到另一面一样。

我喜欢游泳。但我不敢明目张胆地去，因为我怕一个人，怕我爷爷。他暴烈的性格在村子里是有名的，关于他的故事，村里的老人们会说起很多，而年轻人也很敬佩他。据说，他曾经在地里让最有力气、身体最棒的年轻人抱着他的腰来摔跤。那个年轻人不是他的对手，被他结结实实地压在了身下。

童年，我最惧怕的人恐怕就是爷爷了。惹火了他，话没说三句，他就抄起屁股下面的凳子，或者顺手抄起一块砖头就要砸过来。我只能飞快地逃走，逃得越远越好。还好，他似乎从来没有追过我。

当我跟着小伙伴们学会了游泳之后，经常会偷偷摸摸地去游泳。我知道，他反对我游泳。态度很坚决、粗暴，并威胁要打断我的腿。但我拒绝不了水的诱惑和伙伴们的呼唤，所以，还是要偷偷摸摸地游泳。童年很奇怪，大人越是反对的东西，我们越是想做，越觉得有趣，做了还会产生自豪感和成就感。

童年，大家最喜欢玩的游戏之一是捉迷藏。但最刺激的，还是和大人玩捉迷藏的游戏。

我常常撒谎，当爷爷问我是不是游泳去了的时候，我总是说没有。尽管很想笑，但恐惧的心理抑制住了我爱笑的天性。起初，爷爷是相信我的。后来，他开始狐疑地打量我。有一次，我刚进家门，看见爷爷在枣树底下的躺椅上躺着。

爷爷问我："干什么去了？"

我说："打猪草！"

我提着一筐猪草，放在爷爷的面前。

爷爷说："还干什么了？"

我假装不明白："什么也没干了啊！"

爷爷突然威严地说："说，是不是游泳去了？"

我心里一紧，结结巴巴地说："没有啊，真的没有！"

爷爷站了起来，说："有人都告诉我了，你还嘴硬。来，把裤腿挽起来！"

我不知道爷爷要做什么，忐忑不安地提起了裤腿。

他弯下腰，用手指在我的小腿上轻轻地划了一下，一道鲜明的痕迹暴露在阳光下，就像是被犁铧翻开的泥土一样。后来，我才知道，下过水和没下过水的人，用这个简单的方法一测试，就能被测试出来。没下过水的人，手指划过什么痕迹也不会留下。

我的神经顿时紧张起来，眼睛死死地盯着爷爷的双手，看他有什么动作，以便随时躲闪或逃跑。但爷爷并没有动手，只是很严厉地训斥我。

爷爷指着枣树下大盆里的水说："这水晒了一天了，洗澡很舒服。以后不要再下水了！"

我胡乱地答应着，但心里很不以为然。游泳怎么能和盆里的水相比呢？我宁愿变成水里的小虫子，也不愿意待在盆子里呀。水库里的水是凉的，这盆子里的水是热的。哎，真没法说，不知道爷爷是怎么想的。

随着我年龄慢慢增长，爷爷的训斥少了很多。但他还是反对我游泳。

有一天他突然说了一句很有哲理的话："水里淹死的，都是水性很好的人。"

我承认爷爷说得很有道理，我不会游泳的时候，一般就在岸边浅水里扑腾。撅着个屁股，玩狗刨。知道自己水性不行，所以和深水相距得很远很远。最深处，也就敢走到齐腰的水深程度。怎么都不可能被水淹死。当我水性很好的时候，那就不一样了，总觉得艺高人胆大，自己水性好，什么都不怕，所以，常常游到深水区域，且时间很长。

后来，奶奶告诉我，我爷爷的一个远房侄子，水性特好，在水库里游泳被淹死了。用奶奶的话说：还没娶媳妇儿，太可惜了。

可能是我年龄小的缘故吧，爷爷很少给我讲故事，讲过程，只是粗暴而又简单地下命令。就像我知道数学中的答案，而不知道这答案是怎么来的一样。我终于明白了，爷爷不是限制我游泳，而是替我担忧，怕我出危险。我是长子长孙，爷爷很疼爱我，但他对我的爱深深地埋藏在威严和粗暴里面，我不能体察到他的仁慈和善意。

那个时候，我才上小学没几年，对人和人生的理解只停留在表面。

有一次，我去水库游泳。这一游，什么都忘了。我们几个小伙伴排成一小队，一个跟一个，像青蛙一样在水里游着，把自己想象成水兵那样。游着游着，突然，前面有人给我传话："不好了，你爷爷来找你来了！"我吓得像泥鳅一样，窜进荷叶丛中，偷偷地向远处的河岸上看。我看不真切，距离太远了。我的耳朵里面灌满了水，也听不见爷爷的喊声。但我这个时候是不敢见爷爷的，生怕他盛怒之下暴揍我一顿。

后来，有人告诉我，爷爷走了，我才偷偷地从荷叶里面钻出来。

我惴惴不安地爬上岸，却发现我的衣服不见了。我像个没头的苍蝇一样，在岸上寻找我的衣服，急得团团转。一个伙伴告诉我说，你爷爷喊你半天，你没答应，他找到了你的衣服，抱回家了。

我脑袋"嗡"的一声，爷爷真够绝的啊。这比打我一顿更难堪。虽然我还很小，但我已经知道了羞耻，知道了性别的差异，让我光着身子从村里走过，怎么行啊？尽管我的家靠近水库，但毕竟还是要经过不少人家的。但这个时候，我发现，远处路上已经没有行人了。

我稍稍松了口气，当我看到圆圆的、碧绿的荷叶的时候，我想出了一个避免尴尬的好主意。

我采了两顶大荷叶，一手捂着身子前面，一手捂着屁股后面。两顶荷叶，把最关键的东西给挡住了。光膀子光胸脯，那是没什么的，即便如此，我还是贴着一户一户人家的墙壁走，不敢招摇过市。

当我回家的时候，家里人早吃过中午饭了。母亲见我的窘迫样子，忍不住笑了："啊呀呀，这个样子啊！"奶奶是故意装着严肃的。而爷爷假装在睡觉。这样的惩罚，比揍我一顿更令我刻骨铭心。

夏天就那样悄悄地过去了，童年也就那样悄悄地过去了。但那种微苦的味道，芬芳的味道，像青涩的时光一样，令人怀念。

爱，有时候就像莲子一样，被包裹得严严实实的，它需要你花费很长的时间，甚至是一生的时间，去剥、去煮、去品、去悟。

精彩赏析

本文围绕"夏天的味道"这一主题展开行文，先介绍了常见的夏天的味道："在乡下，到处都是植物的气息、泥土的气息、花朵的气息。"然后介绍了独特的夏天的味道："但有一种味道，幽幽的、凉凉的，带着几分微苦的气息，以及浓烈的芬芳在风中飘扬。"，点明这是水库里的水、荷叶以及荷花散发出的味道，引出一段关于水、荷叶的童年趣事。"我"喜欢水，喜欢游泳，被不允许"我"游泳的爷爷严厉管教，长大后才明白那是爷爷对"我"的仁慈和善意，这份微苦的芬芳渗透在青涩的时光里，是独一无二的夏天的味道。

油灯下的读书时光

🌸**心灵寄语**

　　曾几何时，在昏暗的油灯下，翻开一本自己喜欢的书，与墨为伴，与书为缘。渐渐悟得：人生如灯光闪烁，忽明忽暗，有巅峰也有低谷。

一盏黑铁油灯

　　记忆中的一盏油灯，幽幽的，散发着昏蒙的光芒。

　　如柠檬，如很远的月色。

　　那盏油灯，有一个黑色的底座，浑圆，如满月。中间有一个一尺长的小铁柱，拇指一般粗。上面是一个莲花座的茶碗一样大的器具，里面放着一个药瓶子做的油灯。

　　灯芯是纸做的，因为吸油不利，大多时候，是用棉线做的。

　　这盏油灯，整个是用生铁做成的，有好几斤重，沉甸甸的。

　　打我有记忆的时候，它就存在了，不知道是爷爷做的，还是上一代人流传的，灯史已经不可考证。

　　如果考证也不难，问一问健在的父亲便知，但我不想弄明白。

许多的美丽，一有答案就索然无趣了。

如信仰，一经质疑，那种高贵的力量便会骤然冰消瓦解。

我喜欢趴在油灯下读书。

煤油的味道很好闻，奶奶在油灯下纳鞋底，爷爷的呼噜声此起彼伏。

我读的书，都是小说、散文、诗歌，幸亏爷爷不懂这些。无论我读什么，只要是读着，他总是很高兴的。若是父亲，不是恶声恶气地责骂，就是没收。

油灯下，流淌的光芒里有一种宽容，有一份祥和的恬静。

童年，少年，都是和爷爷奶奶一起度过的。

那盏油灯里，似乎盛着的都是爱的汁液。

油灯下，惘然若失

油灯下，有时候也写作业的。

那时候，似乎作业很少，而爷爷，好像豆大的字不识一个。所以，他从不检查我的作业。不像现在的父母，都很有学问，动不动就要把孩子的作业拿过来，皱着眉头，好像包工头在检查工人是否偷懒一样。

真不知道是父母欠孩子太多，还是孩子欠父母太多。

唯一的一次，爷爷突然心血来潮，要看看我的语文作业本。

我目瞪口呆，不亚于看见了外星人。

爷爷翻看着我的生字抄写，突然说了一句："你看看你，写的字像狗爬一样。"

从小，我写字的速度就很快，几乎比所有的人都快。但致命的缺点是，写完了，我都不认得自己写的是什么字。这个习惯几乎保持了几十年。

地基很重要，地基打的不坚实，整个楼都会变得歪歪扭扭的。

我很不客气地说："那你写一个，我看看。"

爷爷用粗大的手指，接过我手中的笔，在本子上一笔一画地写下了"小狗叫，大狗跳"几个字。工工整整。

油灯的火苗蹿了几下，似乎也想看看爷爷写的字。

我嗫嚅着说："爷爷，你会写字啊。"

爷爷躺下了，一声叹息之后，不再理睬我。

似乎，遥远的往事都在他的静默里摇曳。

爷爷像一个谜，他会写字，为什么不上学了？

昏黄的油灯，一腔的心思。那些幽暗的光芒，有点儿神秘的味道。

味　道

在这个黑褐色的窑洞里，油灯是和夜晚联系在一起的。

土炕，苇席，温暖的气息。

爷爷身上的烟味、酒味，以及煤油灯的气味，构成了这个休息空间最主要的味道。

厚重、温馨、平静，更重要的是，给我一种很踏实的感觉。

那拱形的窑洞，是嵌在土筑的城墙里面的。听爷爷说，日本兵曾经在上面站岗。而我和同伴们玩耍的时候，曾经在城墙的另一处挖出过子弹壳。

　　我常常会看着拱形的墙壁出神，一种恐惧的心理会油然而生。因为我怕它会塌掉，那么厚、那么多、那么重的泥土会把我和爷爷奶奶都埋在下面。

　　看书时，偶尔会抬头看看墙，看看酣然入梦的爷爷，看看一针一线认真纳着鞋底的奶奶，闻着熟悉的味道，我有点儿奇怪，他们不怕吗？

　　尽管这是一闪而过的念头，但它们是如此强烈如此尖锐地在我的记忆中留下了深深的痕迹。

　　那个时候，能看到的书、纸页差不多都泛黄了。油灯的光线很暗，看到眼睛疲倦时，脑袋总会不由自主地往灯前移，书本不知不觉地往灯下凑。

　　突然，一阵奇臭无比的皮子被烧焦的味道直冲鼻孔。

　　我用手一摸，一大片头发焦灰落在书页上，我很想呕吐。

　　如果有人问我，世界上最难闻的味道是什么，我会毫不犹豫地回答：烧头发的味道。

　　爷爷依然如故，奶奶不经意看我一眼。

　　第二天，爷爷会说："去，去理发，理得短一些。"

　　因为爷爷常常说我的头发像狗舔过的，而不说我的头发是被火烧过的。不知道这里面是不是有什么禁忌，但我知道在乡村话里是有吉利和不吉利的区别的。

　　还有几次，我读着读着，书本往灯前凑着凑着，脑袋不小心把油灯撞翻了。

　　屋子里弥漫着浓郁的煤油的味道。

　　屋子里很黑很黑，黑得可怕。在黑暗中我抖抖索索摸火柴，但总是奶奶先找到。

火柴划着后，很响亮的一声，那种强烈的磷燃烧的味道非常刺鼻，好像硝酸铵化肥的味道。

冬天的夜里，烧炕，取暖，屋子里还有柴火被烧的味道。

书香，是在心里的；我看的书，泛黄的书页只有发霉的味道。

那时候的书

那时候阅读的书，都是没皮没尾的。不仅发黄，而且像个膨胀的面包一样，厚度加了许多。

《林海雪原》《苦菜花》《保卫延安》《创业史》……几乎每一本书里都有油灯。即便战争远去了，枪声远去了，刺刀隐去了，但油灯还在的。

它摇曳在富有的和贫困人的家里。

富人离不开油灯，哪怕仅仅是奢侈的需要；穷人也需要油灯，或者是勤劳的需要，哪怕仅仅是目瞅着油灯发愁或者叹息的需要。

油灯，总是见证者，宽慰者，兴许还是希望的微光。

油灯似乎是从书里走出来的，而每一次合上书页似乎也把一片灯光夹进了书中。

油灯和书很近，书和油灯很近，而那充满苦难但又坚定的日子也很近。

一泓春水，麦苗拔节，冬日暖阳下沐浴。读书的感觉总是惬意而又舒坦的。

那个时候的书，总让人激动、冲动，能给人以力量。血液和心跳似乎都是汹涌澎湃的。书的质地很刚硬，如同深深插进泥土中的犁铧。

只有油灯的光芒是恬静而又柔和的。

月光会从窗户的玻璃上洒进来，院子里的虫鸣会从门的缝隙中传进来。若有风，枣树斑驳的叶子就在窗纸上摇曳。

看书累了，看一眼天空中的月亮，才知道什么叫月光如水。

要是洋槐花开了，没有什么能抵挡住它浓郁的香气漫进小屋。

没有战争总是好的，否则，我不知道我的小院有什么地方可以挖地道而不被发现。

遥远的故事

爷爷的忧患总是深深地埋在心里。

他几乎不给我讲述他的过去，但他讲一次，我就深深地镌刻在记忆中了。

小时候，他打猪草遇见过狼。他手握镰刀准备和狼拼个你死我活，没想到狼看了他几眼就走了。

很小，他失去了母亲，十一岁就开始独自谋生。他给人家炸麻花，因为够不着油锅，就站在凳子上。那时，他已经做了师傅。

他曾在日本兵抓劳工的列车中逃跑了。

爷爷像一本书。只是，他这本书不让我读第二遍。所有的故事，他讲过一次之后，不再重复。

他仅仅感慨过一次：一代不如一代了。

也许因为我的单薄、瘦小、胆怯、腼腆，也许因为我病病歪歪，也许因为我马马虎虎，也许因为我缺乏男子汉的气魄和勇气、执着和毅力，也许……我让他失望是真的，但他的爱却从没减少过一分。

他会严厉地催促我睡觉，怕看书看坏我的眼睛。

他会担忧地看着我因为读到有趣的地方大声发笑的样子，然后询问我笑什么。他是担心我走火入魔读书读疯了。因为邻村一个人读书读疯了。

仅有的一次，他把我所有的书都藏了起来。我发疯似的找了好几天，最后还是妹妹偷偷告诉我，爷爷把我的书藏在棺材里，我才找到我的书。

家族里的是非恩怨，他很少说给我听。千丝万缕的纠葛，差不多都是别人告诉我的。他只给我播撒爱的种子，仇恨从不告诉我。

其实，爷爷是我读过的所有的书中最好的一本。我的乐观、善良、真诚，差不多都是从他这里继承过来的。

后来，我们村子里安上了电灯，爷爷把电灯绳子接长了，放在他的手边。夜深，他不容分说就熄灭了电灯。

停电的时候，我们才会重新点燃油灯。这个时候，我才知道久违的幸福和快乐是多么脆弱。

我不喜欢在电灯下读书，明晃晃的，似乎文字中的灵动之气全被烤干了。心浮气躁，怎么也找不到反刍和回味的感觉。

变

那个时候的天很蓝，太阳很亮，雪花很白。

夜，很黑。

如同四季，泾渭分明。

现在，我的油灯带走了一切。

书山书海，灯火辉煌，坐在我的书房里，我忐忑不安……

逝去的不仅仅是时间，老去的不仅仅是容颜啊！

精彩赏析

　　"我读的书，都是小说、散文、诗歌，幸亏爷爷不懂这些。无论我读什么，只要是读着，他总是很高兴的。若是父亲，不是恶声恶气地责骂，就是没收""那时候阅读的书，都是没皮没尾的。不仅发黄，而且像个膨胀的面包一样，厚度加了许多。"这两段拉近作品与读者的距离，使读者更容易代入自己的阅读经历，从而产生共鸣。"仅有的一次，他把我所有的书都藏起来了。我发疯似的找了好几天，最后还是妹妹偷偷告诉我，爷爷把我的书藏在棺材里，我才找到我的书。""我"找书的情节使文章内容更真实动人，让读者觉得细腻真实，同时表达了作者对读书的喜爱。

童年的味道

"很喜欢怀念小时候的事情！"一位萍水相逢的朋友说。她说出了我心底的话。童年的味道，是伴随我们一生的味道。

弗洛伊德这老头我是信了、服了。

他说过的一个观点，随着岁月的流逝，我觉得越来越正确，越来越光芒万丈。

他意思是，一个人在童年时期很多东西就形成了，成人不过是童年的延伸或者演绎。大概是这个意思吧。

我在童年时喜欢吃很多野菜，比如苜蓿、马齿苋、灰灰菜、洋槐花等。长大以后，我对这些野菜依然是情有独钟。每次下口，我的胃就像欢迎亲人归来一样，兴奋异常。没有那些保安呀，门禁卡呀那样的限制存在，直抵胃的中心。

苜蓿，蒸菜吃。拌上面粉，来点蒜泥，既可以当菜，也可以当主食。尽管那时，苜蓿是给牲口用的食料。据说，牲口吃了很容易上膘。苜蓿花开的时候，紫灿灿一片，香气扑鼻，煞是好看。苜蓿地里很容易生产童话，很可惜，我的童年并没有读过童话，连安徒生都没听说过。不过，那是集体的苜蓿地，公家的，我们吃，只能偷着吃。如果被逮住了，那罪过可就大了去啦。不知何故，苜蓿这东西突然在家乡消失了，再也没有人种植了。

洋槐花不仅美，而且香气浓烈。不过，味道总有一点儿甜。我不喜欢用它拌面，也不喜欢用它做成的菜。我喜欢生吃，拽一串洋槐花往嘴里一塞，狼吞虎咽就下去了。甜丝丝的，很爽口。还有榆钱，我都喜欢生吃。

马齿苋，在我们那里叫马齿菜，厚厚的、嫩嫩的叶片很诱人。我生吃过，但更喜欢拌上面粉，做成菜。生吃的时候有点儿涩，那种涩涩的感觉总是在阻止人的胃口，浅尝一点即可，多了感觉就不美妙了。马齿苋非常适合在菜园子里生长，土肥，水足，长得特别肥硕。只要我一想起马齿苋，就会想起童年的菜园子，它们的关系就像人的上衣和裤子的关系一样。这种野生的植物，什么人都可以采，但是，菜园子却不是什么人都可以进去的。因为菜园子是集体的，国家的，我们这些小不点进去，一般会被看菜园子的老人轰出去。一呢，是怕我们偷菜；二呢，是怕我们踩坏了蔬菜。但是，童年的时候，小不点们就像一条泥鳅一样，怎么能看得住？恐怕父母都难以看管得那么严实。否则，童年就没有那么多秘密了，同样，也就没有那么多快乐了。

灰灰菜，我们那里叫灰条。其实，吃灰条的人不太多。最多，下面条的时候，丢一点绿色的叶片进去，绿白相间，面条既美观又激发人的食欲。我不知道这些野菜是怎么取名的，只觉得每一种植物的名字都特别有意思。本来很绿很绿的植物，却起了个灰色的名字，也许是叶片的背面是灰色的吧。小时候，听到过一个传闻，说八路军当年很困难，就用这灰条菜做染料，把白布染成灰色的。童年是相信一切的，相信这个世界是童话。所以，每一次看见灰条，我都肃然起敬，毕竟，它是和心目中的英雄有过联系的。

当我离开了农村，在城市中开始颠沛流离的人生以后，再也没有和这些野菜打过交道了。但有一样，始终和我的胃保持着亲密的联系，那就是面条豆角玉米饭。我一个人吃饭，喜欢弄一斤豆角，两根玉米，和面条一起煮着吃。一顿能吃两大海碗。若是在农村，人们喜欢蹲着吃饭，用我们的方言说叫圪蹴着，而我从小就不喜欢蹲着吃饭。因为体弱多病，蹲久了站起来就头晕眼花、天旋地转。而这些野菜，也就和我无缘了。

有那么一天，我在小区里散步，突然发现小区的绿化带里有马齿苋、灰灰菜，还有凹头苋，我喜出望外。于是，我开始自己采摘，自己加工，又能品尝童年的美味了。每次我采摘、总有人围观，问这是什么菜？能吃吗？卫生吗？打药了吗？听到这些话，我就像听到城里人看见麦苗激动地喊一望无际的韭菜一样心里狂笑。他们大概不知道蔬菜最需要的是农家肥。打药？谁有那么好心呢！不过，每次采野菜，蚊子也跟着我美餐一顿，我必须献点血才行，就像收过路费、保护费一样。

有一次，我正在采灰条，突然一个中年人对我说："这个不要多吃，脸会肿的！"我笑笑说："谢谢，我会注意。"我知道，灰条是有小毒的。灰条、马齿苋、凹头苋，几乎都是中药材。我们吃的菜、瓜果，很多都是有小毒的。如果把小毒的东西全部拿掉，人类可吃的东西恐怕要少一半还不止。也许是一生经历得太多的缘故吧，我很豁达，因为我还真见过打个喷嚏把腰闪了而住院的人。记得一位名人之后说过几句话，印象颇深："小时候，相信世界是童话，长大后，相信世界是神话，老了以后才发现人生就是个笑话。"

我相信弗洛伊德关于童年的结论，是用我的胃证明的。我之所以喜欢这些野菜，喜欢童年的味道，是因为我还长着童年的胃。

精彩赏析

文章是作者的怀旧篇。城市太现代了，也太冰冷，需要那一缕炊烟温暖心灵。作者笔下的"野菜"被赋予了非常丰富的内涵，"童年时喜欢吃很多野菜，比如苜蓿、马齿苋、灰灰菜、洋槐花等"，这些野菜的味道，就是童年的味道，就是自己一生所追求的味道；通过写童年挖野菜、吃野菜的趣事，突出了童年的快乐；丰富了文章的内容；抒发了作者对家乡、对童年生活的怀念之情。

1.阅读《草筐里的秘密》，回答下列问题。（9分）

（1）概述文章的主要内容。（3分）

_____

_____

_____

（2）结合语境，从修辞手法的角度赏析第四段中的句子："前有伏兵，后有追兵，我只能选择游击战。"（3分）

_____

_____

_____

（3）作者在草筐中寄托了哪些感情？（3分）

_____

_____

_____

2.阅读《像猎狗一样去找书》，回答下列问题。（15分）

（1)文章主要写了"我"童年时期的读书经历,请结合文章内容,将相关情节填写在横线上。（4分）

①自从小学三年级，读了第一本长篇小说之后，"我"对阅读产生了浓厚的兴趣。

② _____

③ _____

④ "我"有了几个小几岁的朋友，他们都是小书虫，在借书给我读方面比较慷慨大度。

（2）赏析第二段"它更像一粒种子，埋在人记忆的沃土里，发芽，长成参天大树"。（3分）

_____

_____

_____

（3）本文刻画了一个什么样的主人公形象？（4分）

_____

_____

_____

（4）结合实际，谈谈你对阅读的看法。（4分）

_____

_____

_____

3.写作训练。（60分）

亲人的呵护、师长的教诲、同伴的关爱，这是一种光，能把前方的世界照亮；同样，书香的熏陶、梦想的追求、高尚的品格，也是一种光，能滋养我们的心灵，让我们穿越年少的迷茫，一天一天成长，拥有无穷的力量。

阅读《草筐里的秘密》，以"_____是一种光"为题，完成一篇不少于600字的作文。

故乡的芦苇

🌸 **心灵寄语**

　　当春风刚刚吹谢雪花，故乡的芦苇就从还未褪尽寒意的泥土里探出尖尖的靛青色的脑袋。一片片、一簇簇，碧生生、绿油油，迎着清风，摇曳着修长的青玉似的秀枝，远看犹如一朵朵绿色的轻云，在地平线飘拂着，给乡村平添几分恬静和飘逸。

　　故乡的芦苇，在我印象中只有两种色彩，要么绿得郁郁葱葱，要么黄得壮壮烈烈。一年之中，变化仅此两种。若说其中微妙的变化，倒是没有特别留意，只能怪自己缺乏耐心了。

　　因为我家在小村的东头，所以与小河距离不是特别远，如果一溜小跑的话，几分钟就到。要是把小河分为上游和下游的话，那么以小河桥为界，芦苇都在下游。而这条小河是南北走向的。芦苇是喜欢群居的植物，肩并肩、手拉手、脚勾脚，很是亲密。若是没有火或刀这样的东西，恐怕很难能把它们分开。

　　我很小的时候，对芦苇很喜欢，但却充满了敬畏之情。我打猪草的时候，一般只是在芦苇的外面活动，并不敢走近其中。芦苇是生长在沼泽地里的，芦苇丛中的地不仅松软，而且精湿，一踩上去，总是担心双脚陷进去。人对软体生物的惧怕和这个沼泽地有的一比，都是怕有什么未知的陷阱，心里不踏实。所以我敬而远之。

故乡的芦苇，没有很粗壮的。就像竹子里的毛竹一样，都比较纤细。没有什么实际的用途。家里炕上的苇席，怕是粗些的芦苇才能做材料。唯一的用途，就是供盖房子用。用细麻绳子把芦苇扎的密密实实的，放在椽上面，摊开，上面再浇泥，然后把瓦弄上去。家乡的瓦房都是这么盖成的。

我喜欢芦苇绿的时候，一片片，一丛丛，像绿色的火在燃烧。风一吹，那才叫熊熊燃烧呢。这青青葱葱的绿色，给荒芜的故乡增加了不少生命的活力。它是故乡一道迷人的风景线。虽然故乡也有树，有草，但都不成气候，好像兄弟们在怄气似的，东一棵，西一株的。只有道路两旁的树，才有亲密的感觉。芦苇绿的时候，我喜欢探头探脑地向里面张望，似乎里面藏着无数个秘密。那草，娇嫩；那叶子，鲜艳，好像从这一边就能看到那一边。还有些细小的藤蔓植物，轻轻地搭在芦苇的身上，好像怕芦苇生气一样，有着十二万分的小心。而且，随时准备逃跑。芦苇丛中，有细细的水流声，而风吹动的沙沙声是温柔的，也格外好听。我很喜欢一种叫猪耳朵的草，绿得发亮，骄傲地挺着身子，它和田埂上的车前草非常相似，简直就像亲兄弟。据说猪吃了很上膘，但我只有眼巴巴地看着，不敢下去割。

有时候，我会找一根芦苇，用镰刀把它做成芦笛。自己用力地吹呀，吹呀，吹出满心的欢喜，吹走了满身的孤独和寂寞。自己常常感动自己。芦苇太锋利了，甚至比镰刀的刀锋还锋利，我做芦笛时一不小心手指头就被拉开一个长长的口子。起初是感觉不到疼的，我赶紧抓一把细碎的沙子抹在伤口上止血。这是我们小时候一种止血的良方。后来才知道，有两种中草药大蓟和小蓟止血凉血有奇特的功效，而且遍地都是，我会把它的叶子拧碎，挤出汁来涂在流血的伤口上，紧紧用手摁住。但随之而来的是钻心般的疼痛。我曾经尝试过走近芦苇丛中去，但我的脚心也被昔日的芦苇碴子扎过，所以，对于美的一切我都有一种畏惧的心理。那生活的经验，似乎都是从这些小事中积累出来的。

美是有杀伤力的。

芦苇丛中，有一种叫作苇喳喳的鸟儿，叫起来很特别。我听惯了麻雀和喜鹊的叫声，初听苇鸟的叫声很不习惯。它的声音短促有力，像是用石子儿在水面上打出的水漂一样。更像是这种鸟的嘴里含着什么珠子，在滚动。夏天芦苇丛里热气腾腾，这种鸟儿差不多就像是树上的知了一样讨厌了。不知道为什么，在上体育课的时候，听老师吹哨子，我就能想起芦苇丛中苇鸟的尖叫声。

芦苇黄了的时候，便是另外一番景致了。一片片，黄澄澄的，犹如金子一般。在阳光下，散发着耀眼的光芒。风一吹，哗啦啦地响，那响声，比绿色芦苇的响声要嘹亮多了。尤其是那柔情万种的芦花，绰约多姿。芦花飘扬的时候，如雪一样迷人。但我总是躲得远远的，比绿色的时候躲得更远。据村里老人说，芦花呼吸进肺里，容易流鼻血。我不知道是不是真的，但这传说犹如童年的禁忌一样让我始终和芦花保持距离。尽管后来"蒹葭苍苍"的诗句差不多能融化了我的时候，我依然不能全心全意地爱它。

故乡的芦苇，比不得荷花淀的芦苇，也比不得曹文轩笔下《草房子》里的芦苇，但它毕竟和故乡有关，和我的童年有关。即便那个时候我认为故乡的芦苇是世界上最美的芦苇，最大的芦苇，我也不会因此而感到羞愧。

精彩
—赏析—

　　本文在立意上有着独特的喻指性。文章表面看去是写一个游子对故乡的记忆与眷恋，实际所抒写的是对一种精神品格的赞颂与推崇。开篇"故乡的芦苇，在我印象中只有两种色彩，要么绿得郁郁葱葱，要么黄得壮壮烈烈"写出了作者对故乡芦苇的怀念，是一种游子对故乡的情感记忆和对故乡永不消逝的眷恋。文中"我喜欢芦苇绿的时候，一片片，一丛丛，像绿色的火在燃烧""有时候，我会找一根芦苇，用镰刀把它做成芦笛。自己用力地吹呀吹呀，吹出满心的欢喜，吹走了满身的孤独和寂寞"，虽然只是对故乡芦苇自然的描写，却创造了清新恬淡而又悠远绮丽的意境美。

河边青青草

🌷 **心灵寄语**

春天到来之际，走在小河边，微风轻拂，河边柳树枝随风摇荡，地上的小草郁郁葱葱。如此美景你是否会想到以前的点点滴滴？

一条弯弯的小河，清澈见底。

从村头流过，从村的东头流过；太阳像个顽皮的孩子，每天都要在清浅的小河里浮浮沉沉，然后才恋恋不舍地离去。

春天，一树一树的翠柳依依。

夏天，一树一树的白杨亭亭。

秋天，白云挂在树梢上，像一棵一棵开花的树。

冬天，薄薄的冰片结在河面上，像晶莹的水晶。

一个孩子，挎着篮子，蹲在地上打猪草。

河边草青青。

宽大叶子的车前草，长着锯齿一样叶片的蒲公英，银白色的丝绒一样的茵陈，开着向日葵一样花朵的旋覆花，叶片上布满网格的薄荷草，厚实的木木呆呆的苍耳，开着紫色花朵的紫花地丁……长满了小河的两岸。

潮湿的地气，湿润的水气，在河边弥漫。

微风中，旋覆花微苦的味道，薄荷草清香的味道，各种花儿的味道，像是裹着团儿的雪球，直往人的鼻孔里钻。打一个喷嚏，肺里面喷出来的全是花的香气。

有一种草，细细的只有茎，没有叶子，灰绿色的，一节一节的交界处倒是有些银白的苔藓一样的东西，似乎被涂了什么液体。学名记不得了，小时候人们叫它节节草。

节节草像螺帽和螺丝一样，一节一节可以拔出来。

小河的源头是几个小清泉。在河的两岸，土地松软，走上去，鞋子好像都能陷进去。而用手挖几下，就可以挖出水来。

那个时候，水真多，草真绿，天真蓝。

小河里面，长满了水草，那草嫩的绿得发亮。草叶儿圆圆的，像是用圆规画出来的。

小河的归处是一个大水库。很奇怪，水流从小到大，河面由窄到宽，河里面的植物也有些变化。

在小石桥的那一边，到处都是绿色的芦苇。芦苇荡里，苇鸟的声音此起彼伏，嘹亮地响着。苇鸟的声音很奇怪，有时候急促，有时候悠扬；有时候清脆，有时候雄浑。

一个孩子，挎着篮子，蹲在地上打猪草。

他疲惫的时候，就靠在一棵柳树上，从篮子里取出一本书，恬静地读着。

他忧伤的时候，就削一支芦笛，用力地吹着。

孤独的群山，一抹青黛，似乎蕴藏着无数秘密。

芦笛欢乐的音符，在辽阔的天空下回荡，像深情的倾诉。

黄昏的时候，他弯腰在每一棵白杨树上寻觅。天快黑了，那些蝉蛹就纷纷爬出来了。它们总是趁着人们不注意的时候，完成生命的蜕变的过程。最初的时候，它从蝉蛹里爬出来，通体都是绿色的，待不了多久，软乎乎的身子就变得硬朗了。这个时候，它就变成了黑色的，翅膀闪闪发亮，身上像上了一层釉似的光彩照人。

而空荡荡的蝉蜕，就留在树上了。

总有些人喜欢在黄昏的时候坐在小石桥的石头上。那些人是老人，孩子们是坐不住的。他们一声不响就坐在那里，像个泥雕。小河里的水流潺潺声，草丛中的蛙鸣，交织在一起。一团一团的萤火虫，像是举办舞会一样飞舞盘旋，忙碌不停。

一个孩子，把石子儿远远地扔进小河里。那响声，给孩子带来快乐。

河边青青草，草的上面是高高低低的树，白杨树、翠柳、洋槐树、泡桐树。没有更多的树种，简单而又丰盈。

那个时候，一切都很近，伸手似乎就可以抓下一大块蓝天。

那个时候，一切都很远，淘气的风踩着草、踩着庄稼向远方奔去。

温馨的景色，温暖的大地，温柔的天空，温润的梦……

一个孩子，总是在黑夜中迷醉，莫名地为月色感动。当他悄悄地带上门的时候，爷爷总是半梦半醒般地说："把门关上！"

秋天，芦苇一片金黄，风一吹，获花如雪一样纷纷。那样壮观，那样气魄。

那个时候的冬天，雪很多，雪很厚。打雪仗、堆雪人，到处都是孩子们兴奋的尖叫声。

那些草呢？那些吹口气就能化掉的水草呢？在做梦吗？

在薄薄的冰凌下。

童年，在草里走过，在草里躺过，在草里滚过，还丢失过清晰的脚印和纯洁的笑声。

河边青青草，河边草青青。

很多年很多年过去了，小河干涸了，后来被修成马路和盖成房子了。

那些小草还在，像一个个绿色的小精灵，在我的梦里，在向我狂奔而来……

精彩赏析

"那个时候，水真多，草真绿，天真蓝""那个时候，一切都很近，伸手似乎就可以抓下一大块蓝天""那个时候，一切都很远，淘气的风踩着草踩着庄稼向远方奔去"用了三个"那个时候"，可见作者非常怀念童年时候生活的环境，与文末"很多年很多年过去了，小河干涸了，后来被修成马路和盖成房子了""那些小草还在，像一个个绿色的小精灵，在我的梦里，在向我狂奔而来……"由前文的直接描写到这里的抒发感慨，耐人寻味，这样的结尾升华了"我"对河边小草的回忆，映射"我"对童年时光的怀念。首尾照应，使整篇文章结构严谨，浑然一体。

故乡的消息

> 故乡是一座精神的殿堂，寄托你的哀思；故乡是一首诗，一首越吟越舒心、越吟越思念的诗。而明天，故乡就要变成难以回去的旧时光。

春天一来，看不到花的时候，柳树是第一个报告春天的消息的。

如绿雾一样，一缕缕，似乎是从地底下冒出来的轻烟。

空气，好像也被染绿了。

自从离开故乡的那一天起，只要看见柳树，总会情不自禁地想起故乡。

儿时的村庄，是安静的、恬淡的。故乡的一切都是贫瘠而又淳朴的。小河桥，几乎是一个界碑，连接着邻村。小河桥是我们村最东头的一条小河上面架的桥。小河桥上面是东西走向的主干道，土路，上个小坡，走几步，便是一条大河，那条河是真正意义上的分界线。犹如古代的城墙一样，可以与邻村互为内外墙。

小河桥，是我们村的人兴建的。两孔，在南北两边，各竖了一条长方形的青石，可供人乘坐纳凉。桥下是潺潺流水，清澈见底。

非常有趣的是，在桥的两边，各栽了一棵硕大的柳树。它们差不多一样粗大，一个人几乎都抱不住。两边柳树的树冠，几乎把很长的青石全部覆盖住了。奇怪的是，村里散步的人，都喜欢坐在南边的青石上，从山里下山赶集的人歇脚的时候，都喜欢坐在北边的青石上。人们日常的习惯和行为，如果细细品味，总是有非常丰富的内涵。

小石桥，成了村民的一个地域标志。对于我们这些孩子来说，那是一个安全标志。大人总是嘱咐孩子，玩耍最远不要过了小河桥。在乡村，邻村相处融洽，那是极好的。如有过节，那就充满了敌意。历史上，我们和邻村好像因为夏天争浇水的问题，有过大规模的械斗事件。孩子们是不知道的，大人心里却一清二楚，他们总是担忧积怨会发泄在孩子们的身上，所以，他们不允许我们去小河桥以外玩耍，我们去邻村也不能单独去，必须几个小伙伴结伴大人才放心。

我们村是镇政府所在地，无论大人和孩子身上都透着一种霸气。这种霸气可以说是自豪感吧，不是横行霸道的霸气。三六九是我们村里的集日，山里的，远近村子的乡民都会来我们这里赶集。那些摆摊的、设点的、做小买卖的、一般都不招惹我们村里的人。如遇上外村蛮横和霸道的人与我们村的人发生冲突，无论多么凶猛，都会被我们摆得服服帖帖的。在这种情况下，诸多看不惯的反弹就会波及孩子们。

有一次，邻村晚上在露天电影院有电影，我们几个小伙伴去看电影。不料，遇到邻村一个矮胖墩的小家伙，盛气凌人地吆喝着，不许我们看，让我们滚回我们村去。我们不服气，和小家伙吵了起来。有几个邻村的小伙子闻声赶来，厉声喝问："你们是谁，哪个村的？"我们见势不妙，拔腿就跑，一口气跑到小河桥才止步。我们气喘吁吁，坐在小河桥上既愤怒又生气，电影没看成，还受了一场惊吓，真倒霉。我们发誓，如果那个家伙来我们村，我们一定好好揍他一顿。其实，第二天我们就把这些誓言和不快忘得一干二净了。无忧无虑的童年不愿意播撒仇恨的种子，相反，这倒成了一场冒险的游戏，带给我们的是快乐和自豪。

小河桥是村里最安静和最富有诗情画意的所在。夏天，在大柳树下纳凉，是一种惬意的享受。

春天，这两棵柳树，是最早报告春天到来的消息的。柳树一绿，河边的小草就慢慢发芽了。在小河的两岸，长满了旋覆花、紫花地丁、车前草、蒲公英和节节草。在小河里长满了不知名的水草，绿油油的，像上了一层绿釉。

夏天好像是顺着柳枝爬来的一样，细长的叶子、柔软的枝条，摇着摇着，夏天摇摇晃晃就来了。大而圆的太阳越来越炽热，小河桥周围的土壤开始冒热气了。又湿、又潮、又热的地气，给人一种恍若置身于南方的感觉。有一些柳树的枝条和叶子伸进了小河里，荡起小小的波纹。好像它们是从水里长出来的水草。

夏天的夜晚，和风习习，柳树轻舞。月光洒在柳树的叶子上面，银光闪闪。蛙鸣悠扬，蟋蟀轻唱，更衬托出了乡村夜晚的幽静。萤火虫在草丛中飞舞，此明彼暗。偶尔的卡车和拖拉机轰鸣声，才会打破小村的宁静，但这种时刻是极其罕见的。因为小河桥是村口，很少有人在这里漫步，更何况村里的人睡眠很早，所以，这块纯净之地，倒成了我们几个文学少年，后来成为文学青年的伙伴夜晚相聚的地方。我们谈谈最近读的书，聊聊最近的新作，畅想一下未来。最有意思的是黑子，他喜欢充满激情地给大家朗诵他新写的小说，并让大家提意见。

也不知道是何故，黑子和我的视力极好，能在月光下看清在稿纸上的钢笔字。黑子不管不顾，完全沉浸在自己的作品中，用山西醋熘普通话给我们大声朗读。遇到自己写的自己都不认识的字，着急，生气，一急一气，普通话改成村里的方言了。"这个是啥（社）字（吃）哟！"因为一个字，他就朗诵不下去了，大家都笑了，他也笑了。因为爱好文学，所以懂得欣赏，我们对小河桥夜晚的景致发出由衷的感叹："真美，真静！"这样的时刻不会持续长久，我们每一个人都会像路遥《人生》里的高加林一样，有一颗骚动不安的心，渴望冲出宁静的小村，但却似乎被无形的绳索束缚着一样，苦恼、焦虑、无奈。然后有一个人发出倡议："天不早了，回家吧！"于是，我们像小河里的小鱼一样，各自游回自己的家。

在小村，宁静之下，温暖之下，也有一些小小的烦恼。久居于此的人，倒没有这种感觉。麻木和习惯似乎都可以通用。我小学的同学上了大学，暑假时，他回到了村里。我在小河桥上散步时，与他不期而遇。寒暄几句，他突然苦恼地说："真不能在村里呆，跳蚤把我的身上咬起了好多疙瘩！"说着，他拉起了裤腿，通红通红的几个红疙瘩高高地隆起，很是醒目。不知什么心理，我突然爽朗地笑了，他脸一红，尴尬地附和着笑了几声。话到这里，我们没什么共同语言了，我们都不知道接下去该聊什么，于是，匆匆告辞。跳蚤这东西，家家户户的土坑下面都有，就像是城里人养的宠物一样。只不过，我们不喜欢但已经习惯于忍受了，它们是小小的不值一提的小烦恼而已。

多年以后，我也上了大学。全家人都送我到小河桥，小河桥几乎成了迎来送往的圣地。多少幸福，多少悲伤，都曾在这里发生。两棵柳树是最忠实的见证者。

那年夏天暑假，我漫步在小河桥时，意外地看见马奶奶坐在小河桥的青石上。在我的记忆中，他们两口子都是城镇户口，她先生在供销社的生产资料门市部退休以后一直卖丝线，花色和品种异常丰富。好像全世界的各种色彩都有。大姑娘和小媳妇绣枕头套和纳鞋垫都需要用丝线绣各图案。他们两口子和我爷爷是一辈的。马奶奶用疑惑的眼睛看着我，用不确定的语气问我是不是谁的孙子，她说的是我爷爷的名字，我赶紧挨着马奶奶坐下，我说是，没想到她竟然叫出了我的名字。很奇怪，一回到村里，我的语言马上就变成了村里的土语、方言。聊了几句，马奶奶表扬了我几句："好好好，没变。"说着说着，马奶奶突然提高了声音，生气了："我看不惯村里的那些大学生，在外面念了几天书，就变修了，忘本了。满口的筷子外子（洋泾浜之意）。"我点头称是，暗自捏了一把汗，幸亏没说那些醋熘普通话。

岁月真像一条河流，它以毁灭的方式向前流动。小河突然没有水了，小河突然被填了，柳树突然被伐了。代之而起的是南北两排平房或二层楼。每一次回家，我都疑惑，是不是走错路了？真的是"近乡情更怯"。故乡熟悉的一切，渐渐离我而去了。

我习惯在每个春天到来的时候，从柳树上得到春天到来的消息，而不是从迎春花或者别的什么花获得消息。因为柳树不仅给我带来了春天的消息，更重要的是，它给我带来了遥远的故乡的消息。

精彩
—**赏**析——

"柳树是第一个报告春天的消息的。如绿雾一样，一缕缕，似乎是从地底下冒出来的轻烟。空气，好像也被染绿了。自从离开故乡的那一天起，只要看见柳树，总会情不自禁地想起故乡。"文章开头四段运用拟人、夸张和比喻的修辞手法，描写了故乡的田园风光，形象生动地表达了作者对故乡的怀念之情。"小河突然被填了，柳树突然被伐了。代之而起的是南北两排平房或二层楼。"由此可见故乡变化之大，也说明了故乡不再是以前纯净美丽的形象。

———————

鼓槌石斛

🌸 **心灵寄语**

> 人们之所以爱花，是因为花能美化环境，使人赏心悦目，陶情怡性，还因为花的丰姿、花的神韵、花的清丽、花的怡静，能洗涤心肺，疏解内心的忧郁、烦恼，从而促进身心健康。

两年前，朋友从贵州寄来三盆花给我。一盆是兰花，兰花好认，古人说的梅、兰、竹、菊中的兰，在画家们的笔下见过很多次。其余两盆不好认，朋友说是石斛，她给我处理了一下，带着泥土，下面还带着木板。后来我查了相关资料，才知道石斛的品种也有很多。不过，看起来很娇气，每天都要保持湿润，每天都要喷水。

第二年，有一盆石斛开了，晶帽石斛，开得甚是好看。

另一盆，毫无动静。这家伙看起来很别扭，活像一只张牙舞爪的大螃蟹。叶子像台湾竹，细长，没有什么奇特之处。但是鼓起来的茎，圆滚滚的，像是丰满的莲藕一样。准确地说，像是纺锤。凹凸分明，圆钝的条棱，颇像微缩的罗马柱。但整个形状，怎么看都像一只大螃蟹。

一年多来，我每天浇水，但它看起来毫无动静。我私下里想：

这家伙也许不开花吧。我个人体验，养花如同钓鱼一样，没有耐性是不行的。所以，不管它开不开花，我都须悉心照料。兴许，会出现奇迹呢。

不幸的是，晶帽石斛花开过之后，被我养死了。晶帽石斛的枯萎，让我心里蒙上了一层淡淡的阴影，唯恐这一盆石斛稍有差池，也会离我而去。所以，我加倍小心地照料它。

虽然是小小的一盆花，但带给我的想象却是极其丰富的。因为天天浇水的缘故，石斛的泥土上布满了蛛网般的细丝，还有淡淡的青苔。这样的泥土是南方特有的，或在瀑布旁边，或在湿润的森林里，我见过。看到它，就会有一种置身南方的湿润和清凉的感觉。

两年后的一天，我突然发现石斛叶子的中间伸出一根细细的枝条，白中泛绿，很娇嫩，而在枝条上冒出了八个三角形的东西。我很惊奇，也很惊喜，恐怕它们是花苞吧？我无法想象花朵绽放后的样子，但我的心情却像点燃了的焰火一样，快乐在不断地升腾。

终于有一天，石斛开花了，我也终于知道了它的名字——鼓槌石斛。

鼓槌石斛的花瓣是金黄色的，涂了釉一样发亮。而萼片的颜色，是栗色的。

鼓槌石斛，名字起得真美。自然界许多植物的名字，像中国的象形文字一样，给人留下的直观印象很独特、很强烈。与其说植物界的花名是人类智慧的结晶，倒不如说是人类经验的体现更接地气一些。

鼓槌石斛确实是一种名贵的花卉。它被称为四大观赏洋花之一。据说，在欧美一些盛大的宴会、开幕式或剪彩的典礼上，人们会给贵宾佩戴它。它表达的意思是："亲爱的，欢迎你。"而在6月的第3个星期日时，子女们将这种花献给父亲，表达爱心，所以它也被称之为父亲节之花。

也许是地理环境的差异，或者是气候的问题，我总觉得这种花极其难养。我在朋友圈晒盛开的鼓槌石斛时，一些人问："这是什么花？"还有一些人惊叹："哎呀，这么难养的花，你也能养活。"我的心里是有一些小小的成就感的。

不过，我总是有一些担心，担心它会重蹈晶帽石斛的旧辙。

精彩赏析

"这家伙看起来很别扭，活像一只张牙舞爪的大螃蟹""叶子像台湾竹，细长，没有什么奇特之处""鼓起来的茎，圆滚滚的，像是丰满的莲藕一样。准确地说，像是纺锤。""凹凸分明，圆钝的条棱，颇像微缩的罗马柱"作者连续运用比喻的修辞手法，说明作者非常喜欢这盆鼓槌石斛，对它的特征进行了深入细致的观察，也为下文作者精心照料这盆花的情节做了铺垫。

伦敦地铁

💮 **心灵寄语**

地铁是一个拥挤的地方，拉近了陌生人与陌生人之间的距离，好像葡萄串上的一颗葡萄与另一颗葡萄，彼此挤得有些变形。不同国家的地铁，有着不同的样子，可以这样说：地铁可以验出一个民族的习惯。

伦敦地铁是世界建造最早的吧。有一百多年历史了。

借着去接在爱丁堡大学读研的闺女回国的机会，我顺便看了看伦敦的名人故居以及其他景点。在伦敦，最便利的交通工具，恐怕就是地铁了。地铁的价格不贵，那是按英镑计算的。若是换算成人民币，那就相当贵了。不过，常去国外旅行的人都知道，在国外，一欧元或一英镑你就当它是一元的人民币吧。否则，心伤不起。

若是看到伦敦的地铁图，那可是大开眼界，四通八达、密密麻麻，蜘蛛网一样。我不懂英文，简直像个盲人，大事小事都得向女儿请教。第一次坐地铁，我就惊呆了。手机无信号啊，地铁上没有一个人打电话。那可能是最古老的一段吧，站台窄得要命，我都不敢往前站，唯恐不小心被人挤到地铁下面。我感觉自己像个超级英雄，几乎一步就能从地铁的这一边跳到另一边去。但是，我的担心是多余的。英国人很绅士，再拥挤的空间里，他也会和你的身体保持一个舒适和安全的距离。我想，英国那么有钱，也不把地铁改造改造，弄得宽敞一点。再看看坐在地铁里的人，觉得个个都心闲气定，似乎也没那个要求。他们似乎很享受似的。

地铁尖锐的叫声、轨道上强烈的摩擦声，似乎把我的神经都弄得快要崩溃了。它好像我们早期的绿皮火车一样，的确很有历史感和沧桑感。当我参观丘吉尔地下指挥所，以及后来看电影《至暗时刻》的时候才知道，那段地铁，就是电影中丘吉尔心力交瘁、苦闷至极上了的地铁，在地铁里，他从民众中获得了信心和力量。一百多年了，也难怪。我的不适应转眼变成了钦佩和称赞。而且，那里很坚固。二战时期的轰炸，也没有奈何得了伦敦的地铁吧。我以为伦敦的地铁都那样，其实不然。其他的地方手机还是有信号的，地铁的声音也没有那么尖锐。据说，地铁信号不好或者没有信号是当局故意的，不让大家在地铁里玩手机，鼓励大家看书。这是一个传说，不足为凭，但有趣。

我很好奇，看到不懂的东西就问女儿。我看到地铁上有个位置，上面有标记。我想这大概是我们的老弱病残座吧，或者叫爱心座吧。女儿给我翻译说，那叫给需要帮助的人。对了，尽管你年轻，但拉着沉重的行李，也可以坐这个位置。奇怪的是，有许多空座位，可是有的人就喜欢站着。无论他们有多少人进来，或者说有多少空座位，也看不见一个人突然加速去抢占座位。而那个需要帮助的人的座位，一般都空着，几乎没有人坐。很奇怪，地铁里很少见到小孩，可能他们那个时候在上学吧，或者说他们一般坐校车。我注意到，几乎在每一节车厢里，都有阅读的人。有俊男靓女，也有老爷爷老奶奶。他们捧着厚厚的书，旁若无人、津津有味地阅读。下车时，才依依不舍地合上书页，或者折一个角做标记，或者夹上书签。我偷拍了几张。我知道，外国人是很不喜欢别人拍照的，若拍照必须取得人家同意，否则，这是一种很不礼貌的冒犯或者说侵犯，无论你的动机是多么高尚。

我在上地铁的时候，注意到一个高个子青年，手里捧着纸杯，纸杯里是热气腾腾的咖啡。可能是急匆匆赶着去上班吧。我在他的后面，我和他正在门口的时候，一个胖乎乎的少妇下车时不小心碰翻了这个小伙的咖啡。"哗"的一下，浓浓的咖啡洒了一地。男青年愤怒地盯着那个少妇。那个少妇好像也察觉到了，回过头来和那个青年四目相对上了。我心里暗暗紧张起来：坏了，要打架了。但我的担心是多余的，他们也就那么对视了几秒钟，然后各自掉头了。女的走了，男的低下头来，用脚踢了踢，擦了擦地上的咖啡，是怕不小心把别人滑倒。这个微小的细节让我心里很感动。上车后，我一直在观察这个青年，看他是不是心情不好、焦躁、愤怒或沮丧，但我发现，他像个没事人一样，笑眯眯的，还向一个站着的姑娘指了指旁边的空座。调整真快，心态真好。

伦敦地铁的过道里，有一些艺人在摆摊演唱，据说这些必须要有政府相关部门发的证才行，否则，警察会抓。这些艺人并非为了赚钱或生计，而是自得其乐的一种享受。我看见一个艺人在弹竖琴，甚是陶醉。他从不用眼睛看来去的行人，只是盯着他的竖琴，或者在音乐声中眯一会儿眼睛，沉静如海。英国人有英国人的幽默感，也有贪玩的年轻人，我看见在地铁高高的电梯里，有一个年轻人叮叮当当丢硬币玩。硬币在电梯里滚动的声音很响亮。在地铁这种公共场合，人与人之间是极少说话的，即便有，声音也是极低极低的，唯恐影响别人，或者怕被别人听到。

伦敦的地铁，曾经在很多英国电影里出现过。这是个很容易让人浮想联翩的地方。如果你喜欢观察，那么，没有故事，你也会看到激荡人心的细节。

精彩赏析

作者主要介绍了自己亲身体验的伦敦地铁。有如下特点：悠久的历史、蜘蛛网一样的地铁图、手机没信号、站台狭窄、让人崩溃的嘈杂声、形形色色的人等。通过这些特点把伦敦地铁的情况描写得淋漓尽致，给人一种不用去伦敦就能对伦敦地铁的样子了如指掌的感觉。文中特别列举了地铁里的一个小小事件，双方从剑拔弩张到各自掉头，可以看出英国的男士颇具绅士风度。

名人故居 /

💠 **心灵寄语**

　　所谓名人故居，就是经过多方考证，证实在历史上文人墨客、政治家等等具有一定影响力的人物曾经居住的地方，是一种特殊的文化载体，它历经时间的洗刷依然记录并留下了这些人物日常生活的点点滴滴，名人故居是在历史沧桑中积累下来的文化气息的一个重要载体，通过这些名人故居，更能明白一座城市的灵魂和价值所在。

　　到了伦敦，我第一个想看的就是名人故居。准确地说，是文学家和诗人的故居。英国是一个有着悠久文学传统的国家，而我对英国文学一向情有独钟。虽然我不懂英文，但有一个和我一样喜欢英国文学的女儿做翻译，所以，我如愿以偿。

　　我第一个看的是福尔摩斯博物馆。虽然我曾很迷恋柯南·道尔笔下的福尔摩斯，但我知道这是一个虚构的人物。我犹豫再三，才决定去看一下。天空下着小雨，门楼却排着一长溜的小队。排队观看的大多是青年人，亚洲人居多。门口验票的是个高个子的帅气年轻人，明星一样。他身上穿的大约是福尔摩斯那个年代的警察服装。很多人想和他合影，都被他微笑拒绝，但他允许人们给他拍照。因为楼梯很窄，房间很狭小，所以只能是出来一些人，再进一些人。博物馆里收集了很多虚构人物福尔摩斯的物品，像烟斗、帽子、拐棍、望远镜等等。都是一些旧旧的藏品，像是一个古玩店一样。但这些都是福尔摩斯和华生所用之物，有破案工具，还有犯罪现场的道具，等等。能把这样一个虚构的人物弄得像真的一样，的确有非凡的本领。可见，福尔摩斯是如此深入人心。不过，这房子也有百年以上的历史了。

到了济慈的故居，是另一番景象。空旷的庭院很幽静，各种植物郁郁葱葱，只有一对老人坐在院子里的条椅上，在静思默想。济慈、拜伦、雪莱三个人并列，被称之为英国浪漫主义诗人的代表。但我们对他的了解远不及后二者，我们介绍、引用和推介他作品的程度，也远不及后二者。济慈在这里度过了他的爱情时光，他租住的是朋友的房子。在此期间，他爱上了女邻居，并为她写出了脍炙人口的爱情诗。虽然他们房子相邻，但济慈表达感情的方式非常浪漫，经常写信。虽然参观的人数只有三两个，但每个人都怀着敬仰的心情，用热烈的目光向诗人表达敬意。大家静悄悄的，脚步轻轻的，似乎诗人正在午睡而不愿意惊扰他似的。这是一个寂静的庭院，很适合诗人阅读与写作。

从济慈的故居出来，我们来到了约翰逊的故居。因为我看过鲍斯威尔写的《约翰逊传》，所以，我迫切地想找到他的院子、照壁。约翰逊是个很迷信的人，从家里出来走到门口，比如说有四十步，假如他走的多一步或者少一步，他会倒回来重新走一遍。伟大的作家都是有一些怪癖的。眼前是一个小广场，院子荡然无存。我很怀疑这个地方不是约翰逊的故居。通过女儿的翻译，那个工作人员——很像是一个教授——告诉我，约翰逊在伦敦曾经居住过十八个地方，这是其中之一。二战期间，其余的地方全部遭到了轰炸。当他得知我们刚从济慈的故居走来，他做了一个蔑视的动作，把大拇指朝下点了点。意思是，济慈太渺小，约翰逊才是伟大的。我心里暗暗发笑，不予讨论争论，作家与作家之间有什么好比较的，也不存在比较，萝卜青菜，各有所爱，你喜欢啥就吃啥呗。我们交谈了很多约翰逊的逸闻趣事，他很高兴，像是找到了知音一般，我们合影，他还送了我一幅约翰逊沙龙成员合影的影印版。这位先生是搞电影研究的，巧的是，他的女儿和我的女儿一样，都是在爱丁堡大学读书，他女儿学音乐，我女儿学文学。在英国，约翰逊是个大文豪，研究他的人越来越多。

狄更斯的故居，是唯一保留下来的地方。尽管他在伦敦多处居住过。他在这里住过三年，其中著名的《雾都孤儿》《匹克威克外传》等都是在这里完成的。我很想知道这里是不是安徒生曾经住过五个星期的地方，但据我观察，根本不是。狄更斯热衷于社交，且家里人口众多，他应该是随着名气越来越大、钱越来越多而不断搬迁的，房子也越来越大。这里有他很多书籍、手稿，以及用过的床、椅子等。在地下的厨房里，可以想象当时的人是如何做饭、洗澡、洗衣服的。地下通风不好，想必开火做饭必然是浓烟滚滚。狄更斯从小经历过贫困磨难，所以他对下层小人物很关注。据说他对佣人非常和善、体贴，所以口碑很好。无论是约翰逊，还是狄更斯，都有热爱他们的沙龙式的协会，他们会定期聚会，交流、喝咖啡。

弗洛伊德的故居阔气多了，因为这个地方是他本人买下来的。很可惜，他居住一年后就去世了。等她的女儿去世后，按照她的遗愿，这里变成了弗洛伊德博物馆。也许是弗洛伊德的多重身份，以及他在多个领域产生的重要影响，参观的人也比我看过的几个名人故居多。弗洛伊德是被纳粹迫害才移民英国的。他根本没有移民的感觉，享受的更多的是自由以及人们对他的爱戴。因为他的知名度和影响力太大了。据说，当时若有人给弗洛伊德寄邮件什么的，不用写地址，写上他的名字即可。足见伦敦市民是多么熟悉和喜爱他。尽管这里人多，但几乎听不到任何声音。拍照的、摄像的人不少，我个人直觉，恐怕是医学界的人比较多。弗洛伊德给病人治疗的大床，以及他用过的老式打字机，格外醒目。因为他的家人后来都居住于此，所以，他的各种物品保留得几乎比任何一个名人故居都多。

伦敦的名人故居，几乎都是百年以上的老建筑。在住宅的门口或者墙壁上，都有一个圆形的蓝色牌子，上面用白字写着居住人的名字，居住时间，以及他的成就。可能是政府统一制作的吧。在我租住的民居旁边，我看见一个蓝牌子，我问女儿："这是什么人的故居？"女儿说："英国首相在这里出生。"我看到过很多很多这样的蓝色牌子，每次经过，我都会肃然起敬，用目光送上我诚挚的敬意。

精彩
—赏析—

文章讲述的是作者在伦敦参观名人故居的事。主要描写了"福尔摩斯博物馆""济慈故居""约翰逊故居""狄更斯故居""弗洛伊德故居"五位名人的故居各有特点，但也有共同之处，就是非常的安静，以及参观者对他们的尊敬。从中可以看出英国民众非常喜欢这些名人。

面朝大海

🌸 **心灵寄语**

> 　　大海浩浩荡荡、无边无际、波澜壮阔，是安魂之乡，是海子的精神归宿。面朝大海，春暖花开，是一种明丽的幸福感受。

　　面朝大海，春暖花开。

　　海子的诗歌很接地气，广受人们的喜爱，其中包括我。一种简单而又朴素的生活，便是幸福的真谛。一个幸福的人，如同一个心里有阳光的人，总喜欢把美好而又真诚的祝福送给他人，希望世界美好，希望人们幸福。如同那首《祈祷》的歌曲一样。不过，真正获得这种生活的人，或者说按照这种方式生活的人，并不一定幸福。是诗歌美化了我们简单的生活，令我们神往、憧憬。这是文学的魅力所在，是诗歌的魅力所在。

　　相比之下，普希金的《致大海》虽然很经典，但却并不能广泛传播。原因很复杂。毕竟，理解普希金的诗歌需要一定的文学修养、诗歌修养。确切地说，对于众多的平民而言，接地气的、平易的、通俗易懂的诗歌更能和大家发生共鸣。普希金的诗歌抒发的是大我之情，海子的诗歌抒发的是小我之情。二者传播的范围很容易见分晓。我只要想到大海两个字，脑子里便会浮现这两首诗。但我喜欢大海的理由，更简单，更渺小。

面朝大海，我只想游泳。

我喜欢在大海里游泳，并不是从小的喜好，而是在海边生活过一个月之后，喜欢上的。我从小出生在山西的南部，和大海相隔很远，基本上是从书中认识大海的。童年的时候，我们在小水库里游泳。小水库是人工规整出来的，四四方方的。水库最深处，也不过齐腰。修建这个水库的时候，印象颇深，真的是人山人海，红旗招展。我不知道大人都在干什么，只见钢铣闪亮，泥土翻飞，场面颇为壮观。待到水库建成，水库便成了孩子们的天堂。夏天，孩子们三五成群，都去那里游泳。那个时候的孩子们没有害羞的概念，都是赤条条的，水里到处都是光着屁股、袒露小肚皮的小不点儿。

很长一段时间，我都认为水库里的水是从地里冒出来的，但我从来都找不到泉眼。等水库里种上莲藕，荷叶亭亭，荷花灿烂，红蜻蜓乱飞，景色更迷人了。后来才知道，在相距小水库两里地的地方，村里还打了一眼深井，长方形的，有十几米长，两三米宽。小水库里的水就是从那里流过来的。深井的水是绿色的，幽深，和小水库里的水截然不同。大一点儿的孩子都去深井游泳去了，小水库里只有小小孩在水里扑腾。小学四年级以后，我们就去深井里游泳了。那个时候，并不知道什么叫危险和害怕。

我的水性说不上好，也说不上坏。除了潜泳我不行之外，其余的均可。我的体质从小就弱，得过严重的支气管哮喘，不适于剧烈的、像比赛的那种游法。如果安静地、自由地游，我可以在水里泡几个小时。我尤其喜欢安静地仰面朝天躺在水面上，那种舒服的感觉像躺在柔软的沙滩上。双手抱臂，轻轻地蹬腿就可以保持平衡。看着蓝天、白云、太阳，惬意得都想在水面上睡一觉。这一切美好的回忆，都发生在童年和童年的小村里。

大四那一年，我们在威海实习，我第一次看见了大海。没有看见大海的时候，我有一种想给海写一首诗的冲动，当我真正见了大海却什么也写不出来了。心里满满的是震撼，简直是惊呆了的感觉。从此，我喜欢上了在大海里游泳。每天清晨、中午或黄昏，我都要去海里游上一两次。在大海里游泳的感觉妙不可言，一个人静静地躺在海面上，觉得天地如此辽阔、如此安详。我甚至想到了死亡，这种死亡是一种幸福到极致的念头。但当到了大浪滔天，汹涌而至的时候，内心恐惧得要死，求生的欲望来得格外强烈。大海起浪的时候，惊涛骇浪的轰鸣声犹如打雷，这时候，很少有人游泳了。若有，也是远远地站在岸边，兴奋地惊叫、尖叫。我喜欢和大浪纠缠，一个大浪涌来，我跃起身子，顺着水势起伏，这样才不至于被呛到。游上一圈，的确有死里逃生的感觉。

死里逃生已经不是感觉了，我真正拥有过死里逃生的经历。在北戴河，我下海的时候，退潮。游了几个小时，突然感觉游不动了。瞬间，我有了不祥的预感。坏了，已经精疲力竭了。转身，向岸上一望，人若蚂蚁一样小。茫茫大海，无边无际。游了这么远？天哪，我快崩溃了。这时，我才明白，大海涨潮了。一种绝望的情绪紧紧攥住了我的心。我本能想喊救命，但是我意识到那么远的距离，没有人能够奔来搭救我。在别人没有到来之前，我可能就见龙王爷了。

况且，我相信没有人有那么好的水性，敢游这么远。算了，死了就死了吧，也别落个胆小鬼的名声。拼了，游吧。生死由命运来决定吧。谢天谢地，终于游出来了。

面朝大海，我充满了敬畏之心。但是，我还是想在大海里游泳。

精彩
——赏析——

文章标题"面朝大海"是个很宽广的词，一读就让人觉得舒适而又欢欣，能激起读者强烈的阅读兴趣。作者笔下的"面朝大海"不是一种心情得到释放的美感，而是讲述了作者和大海的渊源，作者与大海发生的种种，也是作者热爱生活、敬畏大海、珍爱生命的象征。

英国流浪汉

🌸 **心灵寄语**

> 　　关于流浪，每个人有不一样的看法，每个人也有自己的选择。流浪本身是种生活状态，体现的是人本身的思想状态。流浪有时是被逼的，有时是自愿的。但流浪不是乞讨，英国的流浪汉向你诠释什么是流浪。

　　在伦敦，总会不经意间看见一些流浪汉。流浪汉，差不多也是伦敦的一景。在全世界，恐怕都会有流浪汉吧。这是一个非常有趣的群体。但我总觉得，流浪汉和乞丐是有区别的。具体的区别在哪里，我说不上来。但有一点是肯定的，比如你在马路上正走着走着，突然一只手向你伸来，把你吓了一跳，这个人绝对是乞丐而不是流浪汉。

　　关于流浪汉的小说，我应该是读过一些的，但毫无印象。比如《小癞子》《小偷日记》等。像我这样阅书无数但记忆力极差的人，恐怕也是少有的，所以做不了学问家，只能随性写文章，老老实实在作家的队伍中混碗饭吃。在伦敦的流浪汉，一般是不打扰人的。他们老老实实地坐在马路边、屋檐下，带着自己的全部家当，像坐禅一样坐在那里，看着来来往往的行人走过。像是个城市里看破红尘的人，像是冷眼观世的人，像是城市里的隐居者。他们的面前可能有个牌子，比如我见到的那个流浪汉，他的牌子上写着：祝大家假日愉快。他们就像等待下雨一样。假如你给他们的盒子里丢一点儿钱，他们也不会千恩万谢，甚至欠下身都不会。一般人是洗刷不了人穷志短的印记的，自尊啦，尊严啦，总要牺牲一点儿。可是流浪汉不会，他们正襟危坐，头颅总是高高地扬着。

这些流浪汉的衣服是破旧些，但绝对不邋遢。从外观上说，这恐怕也是流浪汉和乞丐的一种区别。居住在伦敦的画家朋友告诉我说，在伦敦的流浪汉，政府每月补贴六百多英镑。朋友的女儿补充说，这是需要政府认证的，领取流浪汉的补贴是需要条件的。也就是说，不符合条件的流浪汉，是享受不到政府补贴的。具体的条款我不知道，但我总觉得绝非无依无靠没有经济来源那么简单。就像爬山累得呼哧呼哧是为了看山顶上的风景一样，流浪汉的生活虽然艰苦，但也有诗和远方，也有浪漫。我甚至觉得，流浪是一种生活方式，是一种和诗和远方最近的生活方式。他们很享受。按照我的观点，《堂吉诃德》都可以算是流浪汉小说。

我在伦敦小住几日，住民居，在伦敦一区。那几天正好是英国银行假日。我住的民居的那条街道上有很多百年以上的老建筑。其中还有一个红砖的有红十字标记的大楼，距圣保罗大教堂、西敏寺教堂都不远。大清早，鸽子在街道上蹦蹦跳跳地觅食。我散步的时候，发现在肯德基、酒吧、咖啡馆的屋檐下的墙角，有一个流浪汉。他的全部家当都整整齐齐地码放在那里。一个睡袋、一摞报纸、一双鞋子，以及饮料桶和衣服，最引人注目的是几本厚厚的书摞在最高处。流浪汉睡在睡袋里，胸口上放着一本打开的书。看样子，他已经读了一半，两边的厚度差不多一样。一切的物品，摆放得很整齐，显得也很整洁。他好像是长期驻扎在这里的。我开始注意观察他，因为他深深地吸引了我，而我有诸多的好奇和想象。

这是一个中年人，中等个，和所有的英国人一样，他的外表并没有什么出众之处。比如凄苦、忧愁、焦虑、困顿，这些都和他无缘。他的脸上透射出的是宁静、坚定、沉着。我想他应该是有亲人的，经济也不是什么大问题。而且，他的行走很矫健，像军人一样。非常有意思的是，他的生活很有规律。比如说，天刚放亮，街上还无行人，只有鸽子飞来飞去的时候，他就醒了，盘膝而坐，心无旁骛开始读书。我从他身边走过的时候，很近很近地走过，他也不抬头看我一眼，而是非常专注地在阅读。书给了他愉悦吧？至少他是快乐的。不过他的表情在沉思，似乎阅读有助于他思考。其实，人们忙来忙去，极少有思考的时间。我不知道他在想什么，他想未来吗？他满意自己的生活现状吗？他为什么不找一份工作呢？无数个疑问只是我的想象。我的所见是，他好像挺享受自己的现状。

肯德基店开门了，他起身大步流星地去店里吃东西，好像着急着要上班一样。吃完东西，他又匆匆赶回来，继续阅读。我倒是有点儿羡慕他了，我个人认为的至高的幸福就是不为衣食所累，天天沉溺于阅读之中。我不行，种种的责任和压力，逼迫我不能一心一意去享受阅读的乐趣。而他，轻而易举就达到了，做到了。这使我不得不思考人生的意义和价值。我不知道他是不是能享受政府的补贴，也不知道他每天是否可以获得吃饭的钱，毕竟，他和梭罗的极简生活还是不一样的。梭罗是靠双手的劳动来获取自己的食物，而他呢，我不能说依靠别人的施舍，因为给他盒子里丢钱币的人是欣赏或喜欢他。如同一个园丁给花朵浇水不存在施舍的关系一样。

英国有不少流浪汉吧，我仔细观察的只是其中之一。我唯一遗憾的是，忘了给他的盒子里放几英镑的硬币，表达一下我对他的尊重和敬意。至少，我缺乏他那样的勇气。

精彩 赏析

"这些流浪汉的衣服是破旧些，但绝对不邋遢""他的外表并没有什么出众之处。比如，凄苦、忧愁、焦虑、困顿，这些都和他无缘。他的脸上透射出的是宁静、坚定、沉着"，通过这些外貌描写，表现英国流浪汉不一样的形象，他们和其他人一样。"他们老老实实地坐在马路边、屋檐下，带着自己的全部家当，像坐禅一样坐在那里，看来来往往的行人走过""他们正襟危坐，头颅总是高高地扬着"，通过神态和动作描写，表现出英国流浪汉与乞丐的区别，他们更有骨气，他们不会卑躬屈膝沿街乞讨。

心态好，一切都好

> 一个人有什么样的心态，就会有什么样的生活。我们改变不了世界，只能改变自己，换个角度看世界，一切都会变得不一样。做同样的事情，心态不一样，收获不一样，感悟就不一样，所以说"心态决定命运"。

我们小区开了一家小小的书店，好像是什么读书会的加盟店。书店的面积不大，比我家的居室还要小。在一层，有个地下室。早晨走路的时候，我看了一下。里面除了书，还有鲜花什么的。环境优雅。我觉得在我们这么大的小区开书店，是个不错的主意。毕竟，这里年轻人多。自己要读书，也会陪着孩子读书。

我参加过一次他们的读书分享会。里面的人只有五六个，少得可怜。我很诧异，人怎么会这么少呢？可能是新开的，大家还不知道吧。我认识了老板娘，老板娘其实也是老板。她的个子很高，秀气而又苗条。我和老板认识了。认识是认识了，但我对她一无所知。不过，她对我却了如指掌。因为她加了我的微信，一看我的微信就知道我是个作家，再一上网搜索，我所有的资料她都熟悉了。我是这么想的，网络真是太发达了。他的书店有个精干的小伙子，对我很热情。我一直把他当作是这家书店的伙计。后来，我又参加了一次分享会，还是只有几个人参加。这已经是几个月之后了，我很纳闷，怎么会如此萧条冷清呢？看来是喜欢读书的人太少了。家长们很功利，宁可让自己的孩子报什么辅导班，也不会愿意带孩子来这里走走看看，培养一下孩子的阅读习惯。

有一天，我正在小区散步，路过这家书店的时候，和书店的伙计不期而遇。我们聊了几句。我问最近的情况怎么样，伙计回答说很不好，打算搬家。我问这里的房租多少钱，伙计说九千多。我心里暗暗算了一下，除去房租，水费电费物业费，雇佣人员的工资，每个月大约都得赔得一塌糊涂。除了关门，别无选择。我觉得这个伙计知道得太多，和老板娘的关系不一般。所以，冒昧地问了一句："你和老板是什么关系？"他笑着回答我："她是我老婆。"哈，我说呢，他对书店热心操劳得太过度，对我热情和客气得太过度。我是个非常有好奇心的人，从不放弃任何机会。我说："你怎么会想到开书店呢？"他说："嗨，都是我太太自己感兴趣呗。"

我一直没敢说的一句话是，老板娘走路的腿一拐一拐的，我以为是先天性的残疾。原来，她是不小心摔了一下，把腿拉伤了。在养病期间，觉得无聊，所以想做点事。她对开小书店比较热心，所以，她家先生支持她，就开了一个书店。她原来在一个名牌汽车 4S 店工作。这位先生刚好四十岁，他倒是很理解、尊重和支持太太的。当我问及他工作单位的时候，他说他是北汽的。啊，我以前在陕汽工作过。我们因为在同一行业工作的缘故，距离一下子拉近了很多。他是做技术的，搞技术管理，从事发动机的基层管理工作。收入不算太高，但比我的工资和奖金要高出一大块。所以，支持太太不是特别伤筋动骨的事。他说："不管结局如何，太太是尝试过了。对了，不知道你是不是对人生看透了，看明白了？"

我们正在聊天，一个老人从我们身边走过。他看到我们聊得热火朝天，站住了，也想听一听。我说："这位老人家这个岁数，应该看透了，我们和他聊聊。"我一问老人岁数，可把我吓了一跳，八十二岁，耳不聋、眼不花，口齿伶俐，思维清晰，而且还特幽默。尤其是那一双大眼睛，炯炯有神。老人是天津人，搞建筑设计的。自己有三个孩子，还养了四个孩子。一大群人，没有办法，老人除了工资，还得去西山和其他寺庙讨饭。看得出来，老人年轻时候遭过不少罪，受过不少磨难。一辈子坎坎坷坷的。但他搞建筑设计很有一套，应该是个小头目。另外，他给景泰蓝上色的技术很高明。不知道他是怎么学的，但这个世界总有那么一些人悟性高、有慧心，我不得不承认老人是个民间高人。我最好奇的是老人为什么能把身体保养得这么好，他不喝酒，也不抽烟。他说晚上是盘着腿儿睡觉的，我和我的朋友都惊讶地轻呼了一声。

我们惊奇，至少还有将信将疑的心理。老人家看到我们有点儿不相信他，刷的一下便把一条腿提了起来，做了一个盘腿的动作。他用手一扳，脚腕子一拧，脚心就朝天了。哎哟，真的像个练家子。老人家说："耍把戏的是这样骗人的。"说着，他飞速地脱下一只鞋子，把鞋子盖在脚面上，好像脚脖子翻转过来一样。那个速度快得令我们瞠目结舌。老人家很幽默，也很豁达。和这样的人聊天，简直是在晒日光浴，一个字——爽。

我问老人家："你吃肉吗？"老人家笑着说："我没别的爱好，

就好这一口，越肥越好。若是谁家杀鸡了，我便会去找人家，讨一碗鸡汤喝喝？我可馋了。"老人家这是打了一个比方，但我知道的一点养生学知识顿时灰飞烟灭。爱吃肉，且吃肥的，八十多岁，哎呀，真应该请老人家给素食主义者上上课。我突然想起一个问题："老人家，你爱生气吗？"老人家眼睛一瞪，眉毛都要飞了。他说："生气？生气是智力障碍者，我生气我就是智力障碍者。有本事你让别人生气去，你和自己生气绝对是个智力障碍者。"我俩都哈哈大笑。

我和书店的朋友对视了一眼，彼此都明白了对方眼神里的意思："心态好，一切都好。"

精彩 赏 析

文章标题是"心态好，一切都好"，但是文中提到心态的文字却寥寥无几，作者用大量的笔墨来介绍小区新开的书店发生的一些事，看起来像是离题万里，但是在篇末作者以和一个老人的聊天做铺垫，把读者的关注点引入心态这个话题中，具体有力地论证了"心态好，一切都好"这一论点，增强了文章的说服力。

杂草丛生

🌸 **心灵寄语**

　　杂草是平凡的，是不被人喜欢的，但它的生命力却是顽强的。正是这重重的阻挠，大自然的选择，才使它具有顽强的意志，做人也应该像杂草一样，在任何困难面前坚强不屈，与大自然搏击。

　　杂草的名字很不好听，犹如杂碎一样，人们对待它的态度很不友好，或者说，厌恶已久。从血统的意义上说，不纯粹。这样，杂草的地位以及在人们心目中的位置便可想而知了。我们看看宠物狗、宠物猫和流浪狗、流浪猫的地位就知道了，一个生活在天堂里，一个生活在地狱里。不过，在城市和乡村，杂草的地位还是大有区别的。

　　杂草的意义，在乡村，只要不是蔬菜，不是庄稼，几乎都可以视为野草。但人们对于杂草却是相当宽容。除非它是长在庄稼地或菜园子里，争抢人家的水分和养分，那么它的下场只有一个——被除掉。除此外，随便长。广阔的乡村，到处都会接纳野草。哪怕野草长在土墙里，瓦房的瓦片上，都没有人去伤害它们。一尺多高的狗尾巴草，半尺高的瓦松，长在古老的瓦房上，反而有一种古意，有一种诗意，有一种沧桑的美好。

小时候，记得有一次，我去打猪草。打满了猪草，便在路边歇息。自己一个人拿着镰刀一下一下砍路边的野草。突然，成财大伯笑眯眯地站在我身后，他问我："武林呀，你在干啥？"我抬头说："没事，砍野草玩。"他说："你和它有仇？它得罪你啦？"他的笑脸突然变得严肃起来。我知道，我的行为错了，我赶紧把镰刀塞进草筐里。成财大伯倒背着双手，慢悠悠地远去了。这个印象很深。这件小事基本代表了乡村人对于野草的态度。野草也是生命，它有自由生长的权利，我们没有理由去伤害它。若是打猪草，给牲口打野草，作饲料用，那另当别论。

儿时幸福的回忆之一，就是和小伙伴们打猪草。我们都知道，什么野草猪吃得特别香，什么野草猪不爱吃。但是，许许多多的野草，我们是叫不上名字的。即便叫上名字，各地叫法不同，发音不同，交流沟通也非常麻烦。比如说车前草，我们有的叫它车（差）轮草，有的叫它猪耳朵。芦苇里有一种草和车前草很相似，但不叫车前草，我们有时候也喊它猪耳朵。枸杞、远志、龙葵、鬼针草、紫花地丁、灰灰菜、马齿苋、蒲公英、曼陀罗、大蓟、小蓟，这些东西本来都是中药材，但在我们乡下人看来，都是野草。我们还编歌骂人："狗儿疙瘩板板草，你妈要你现世报。"狗儿疙瘩，指的是狗尾巴草；板板草，现在我也查不出它的学名。现世报，是我们晋东南的方言，指丢人现眼的意思。我们打完猪草，一起吹牛皮、讲故事、玩游戏，太阳快落山的时候，大家才恋恋不舍地往家里走。

1960 年后出生在乡村的人，大多数家里都是兄弟姊妹好几个，那个年代还没有开始计划生育。父母养孩子，和养羊、养猪差不多，几乎都是放着养。大人下地干活，小孩子就在野地里玩。野草就像他们最早的识字课本一样，而他们的生命也如同野草一样，狂野、自然。所以，没有人讨厌野草。若是有人在麦地里发现一株野生的小桃树、小杏树，那种欣喜若狂的兴奋劲儿不亚于哥伦布发现了新大陆。他们肯定会小心翼翼地挖回家，但几乎没有一个人能够养活。野草适合生长在野地里，若是放进家的院子里，那和养在温室里是没有什么区别的。如同一个乡下的老人住进城里的高楼大厦一样，诸多的不适应，最终还是会逃离的，可惜野草不是人，它只能选择死亡。

城市的人对待野草的态度是仇视的，恨不得把野草统统铲除干净。他们喜欢在地上铺上瓷砖，抹上水泥，铺上石子儿，把地面整得十分平整才满意。这是一种很自大的态度，人走的路野草怎么可以肆无忌惮地疯长？其实，杂草是一门很大的学问。英国的理查德·梅比是著名的博物学家，他写过一本书《杂草的故事》，其中写了十二种杂草，很震撼。国外有博物学家，我们也有，但极少，王世襄先生算是一个。博物学家是一个令人尊敬的头衔，但在我们这里很容易被看作是杂家。如果一个人说自己是写小说的，或者写诗歌的，在文人圈是令人肃然起敬的，但一个人如果什么都写的话，就会被称之为杂家，就会矮人一头。怎一个杂字了得？学识渊博、多才多艺这些溢美之词本来就是给杂家的，但现实远不是那么回事。

记得我在工厂工作的时候，那是一家大型企业，大三线的企业，本来地处山沟，与杂草为伍的。突然有一天，领导下令，让办公室的年轻人都走出办公室，去除野草，我很愕然。领导的意思是，工人们都很辛苦，你们坐办公室闲得没事，给你们找点儿事干。估计在领导眼里，这些人如杂草一样，太碍眼了。几十年过去了，现在想来也是有趣得紧。

我喜欢杂草丛生的感觉，这应该是生命最真实的状态吧。

精彩 — 赏析 —

"杂草的地位以及在人们心目中的位置可想而知了。我们看看宠物狗、宠物猫和流浪狗、流浪猫的地位就知道了，一个生活在天堂里，一个生活在地狱里。"通过描写人们对杂草和流浪猫狗的态度可知，杂草的生存环境极为恶劣，从而为后文杂草的正名做了铺垫。"这件小事基本代表了乡村人对于野草的态度。野草也是生命，它有自由生长的权利，我们没有理由去伤害它。""城市的人对待野草的态度是仇视的，恨不得把野草统统铲除干净。"通过城市和农村对待野草的态度做对比，衬托出杂草的真实，也希望做人要像杂草一样多一些真诚。

种一株小小的乡愁

💮 **心灵寄语**

> 乡愁是杜甫的"露从今夜白，月是故乡明"；乡愁是宋之问笔下的"近乡情更怯，不敢问来人"；乡愁是薛道衡口中的"人归落雁后，思发在花前"……而我的乡愁是一片小小的薄荷。

我在窗台前，种下了一株小小的薄荷。薄荷不小，已经和我的膝盖一样高了。开着花，蛋青色的小花。那种浓烈的薄荷香，在空气中弥漫着。

这种薄荷，是我从另一个窗台前，经过主人许可，移植在我的窗台前的。

我发现它时，莫名地惊喜。薄荷，薄荷，我又看到你了。

我想起了家乡的小河边，到处都生长着的薄荷。郁郁葱葱，芳香四溢。它们都是野生的，喜欢湿润的土地，喜欢水，喜欢依水而生。

当我在酷暑难当的夏天去地里干活的时候，爷爷总会给我几片薄荷，让我带在身上。那圆圆的、白色的薄荷药片，嗅着，就会有一种浓烈的凉意直冲鼻孔，那种香味让人神清气爽，格外清醒和精神。

我不知道，那小小的药片，需要多少薄荷草才能生产出来。我想那种野生的薄荷，采集起来是多么不容易呀。

我喜欢去小河边打猪草，喜欢嗅那种心旷神怡的味道。我能知道的植物的香味，差不多都是花朵散发出来的，而薄荷草的香味，却是叶子散发出来的。虽然它很普通，在小河边随处可见，但它在我眼里却是神奇的。

很可惜，岁月匆匆，小河消失了，那些薄荷草也无影无踪了。回到家乡，到处都是城镇化的楼房。说不清为什么，我一点儿也不高兴。童年的一切痕迹都悄然消失了，只有陌生感、惶惑感紧紧地缠绕着我。

很多年后，在京城参加一个女作家的作品研讨会，我发现她的作品中有一处细节，说她童年种植了一株薄荷。我很诧异，薄荷可以种植吗？也许南方和北方不同，也许是怕人笑话，我始终没有问那个女作家：薄荷是可以种植的吗？作为从乡下走出来的我，如果这是一个可怕的常识性的问题的话，我若不知，那会令人贻笑大方的。

我开始在我的窗台前种植花草，凤仙花、鬼子姜、艾蒿、大芍药花、香椿树。我发现邻居窗台前，有一丛一丛的薄荷，高高低低的薄荷，像虎头虎脑的小家伙一样，不知怎的，我总觉得它像是宝塔型的。主干直线生长，到一定程度，那些叶柄和主干草茎的交界处，又会分蘖出新的小薄荷草，宛若枝形的烛台一样。当那一个一个新的薄荷草分蘖出来以后，薄荷草就像小小的树了。而主干的挺拔，也就显现不出来了。

我疑惑问邻居："这是你种的吗？"

邻居得意地说："当然，是我种的，我看你种花草，你要是喜欢，你就随便挖吧！"

我终于明白了，薄荷是可以种植的。童年的经验，或者视野所限，或者知识所限，总不能得以检验和修正。看来，固执己见，会错得很惨。

我把这株小小的薄荷，种植在我的窗台前了。那些清晰的叶脉，像是一条条小路。如果无限放大，那就是通向故乡的小路，那就是通向故乡小河的小路。

那不起眼的薄荷花，像是小小的乡愁。细细碎碎，然而又凝结在一起。像是无言的凝视，又像是无言的牵挂。

精彩赏析

"在我的窗台前，种下了一株小小的薄荷。"这一句统领全文，它是贯穿全文的线索，整篇文章围绕着"薄荷"来展开。薄荷寄托着"我"对童年生活的怀念之情和对家乡亲人的真挚思念。"我终于明白了，薄荷是可以种植的。"作者看到久违的薄荷草有一种惊讶，薄荷如同他乡故知，勾起心底的记忆，慰藉心灵。薄荷如同故乡一样亲切可感。"那不起眼的薄荷花，像是小小的乡愁。细细碎碎，然而又凝结在一起。像是无言的凝视，又像是无言的牵挂。"结尾抒发感慨，表达出薄荷是作者遥寄思念、乡愁的载体，寄托了作者对故乡亲人、童年生活的浓浓思念之情。

浦口火车站

🌸 **心灵寄语**

浦口火车站,这座百年车站,他用斑驳的建筑、沉寂的站台,向我们叙述历史的沧桑、岁月沉香。当年朱自清在这里送别了父亲,写出了《背影》……

拐进浦口火车站的栅栏门,我的心里怦然一动,眼角的泪水忍不住滚落下来。我说不清为什么,只是埋下头,怕被别人发现,匆匆地走到月台和雨廊的中间,深深吸口气,凝神将目光投向远方。

脚下的铁轨,因为交叉,显得有些杂乱。而远方,是笔直的铁轨,通向天边,通向江边,被树木掩映。很多年的远方,便是铁轨能抵达的所在,那是童年的梦想和意象。神秘、诱惑、憧憬、渴望,那铁轨像是眼睛里放射出的两道光芒,在阳光下咄咄逼人地闪耀。眼前的铁轨,已经锈迹斑斑,像是沧桑的皱纹。

左边,是低矮粗壮的法国泡桐树。主干一米多高,更高的是那些旁逸斜出的枝叶。它们每一株都像一把硕大无朋的遮阳伞,在地上洒下大片大片的荫凉。据说,每一株树都有六七十年的树龄了。不知道它们见证过多少悲欢离合的故事,不知道它们目睹过多少面孔上绽放的笑容和悲伤的表情。坐在不知什么人放在这里的条椅上，便可以听到泡桐树叶低低的呢喃。

一片肃穆。一片寂静。高高低低的野草，在初秋的阳光下郁郁葱葱。

两排罗马柱，支撑着雨廊和月台。水泥拱顶上，有简单的装饰性图案。它们都是几何图形，依稀可见。风沙并不能使其脱落，岁月不能使其变形。也许，法国人的浪漫，如同这建筑一样坚固和持久。一个人轻轻地漫步在水泥的地面上，能听到忧伤而又浪漫的音乐。而右面，是朱自清文字描绘的地方，是朱自清父亲爬过的地方。其实，这是一段很短很短的距离，穿过四条铁轨便可以爬上那边的月台。这一道铁轨和另一道铁轨的距离不过一米多。但是，思念无限延伸了它们之间的距离。也许是爱的力量，也许是文字的魅力。

火车站的信号灯，倒插着的箭头的标记，倒是醒目。车站内，还停留着一些铁皮的货物车厢。据说，这里还在货运。奇怪的是，两边的铁轨上的锈迹很严重，一点儿没有火车轮子和铁轨摩擦过的痕迹。我不知道这是不是一个善意的谎言，为了防止顾客走下月台去铁轨中间行走，还是确实有货运的列车穿行在这里。也许是车轮不愿意抹去那些斑斑的锈迹而变得蹑手蹑脚，它是怕惊动那远去的梦吧。不知怎的，我有点儿敬畏这空旷的寂静。

我喜欢这宁静的火车站，在我的记忆中，这份宁静只能在山谷里的某个小站才能享受到。在 20 世纪 80 年代末，我在火车站的月台上，看到过许多抱头痛哭的场面。我冷冷地凝视着，觉得不可理喻，甚至有点儿好笑。因为我从来没有经历过送别的场面，我始终都在独自上路，所以习惯了在孤独中打量这个世界。但是，朱自清的《背影》却让我泪流满面。那样的父亲并不是每一个人都能拥有的。朱自清笔下父亲的几个动作，成了经典的细节。岁月真是一杯陈年的佳酿，如果没有两年的发酵，它的味道不可能那么醇厚。

这里发生过很多故事，但我只知道一个父亲背影的故事。而我没有来这里之前，我不知道还有一个浦口火车站，更不知道它一直鲜活在朱自清的笔下。它的存在，真是一份惊喜。尽管惊喜并不是随处可见，但我还是满怀感恩之情，感激那些能够让惊喜留存下来的人。这里欢迎虔诚的人，所有的寂静都是神圣的。如果历史真的是一条河流，那么这些地方便如同清澈的泉源一样。如果这个世界上的遗迹都不存在了，历史就变成了可笑的木乃伊躺在文字中供人瞻仰。

一个老人向我走来，笑容满面。他可能是这里的守护人。我终止所有的遐思，面带微笑对老人说："在这泡桐树下，摆一个凳子、一个小桌，泡壶茶，很美。"老人赶忙说："不敢，不敢，那可不敢！"他不是惧怕那些规章制度，而是有深深的敬畏之情，我看得出来。我不知道他在这里守护了多久，但我知道，他一定知道很多很多关于浦口火车站的传说。

有点儿闷热，我浑身冒汗了。我想，这个时候下点儿雨就好了。秋雨绵绵，更容易走进一些哀感顽艳的故事之中。也许，有一把油纸伞从我面前经过，而伞下的人我似曾相识……

精彩
—**赏**析——

"脚下的铁轨，因为交叉，显得有些杂乱。而远方，是笔直的铁轨，通向天边，通向江边，被树木掩映。"此处映射了这个火车站已经废弃，为下文的情节做铺垫，使小说前后呼应，情节发展更具合理性，文章结构更加严谨。"这里发生过很多故事，但我只知道一个父亲背影的故事。"这一句说明这个火车站曾经的辉煌，也说明了它为何废弃很久依旧被人们记得。

———————

1. 阅读《故乡的芦苇》回答下面问题。（10分）

（1）故乡，值得人记忆的地方很多，作者为什么偏偏说故乡的芦苇"很小的时候，对芦苇很喜欢，但又充满了敬畏之情"？结合课文作简要回答。（3分）

_____

_____

_____

（2）第五段写芦苇，主要采用了什么修辞手法？（2分）

_____

_____

_____

（3）本文的线索是什么？（2分）

_____

_____

_____

（4）结合文章，说一说你是如何理解"美是有杀伤力的"这句话。（3分）

_____

_____

_____

_____

2. 阅读《故乡的消息》回答下面问题。（9分）

（1）纵观全文，对于故乡，表达了作者_____的情感。（2分）

（2）本文语言富有意蕴，请从 A、B 两句中任选一句，自选角度，作简要点评。（3分）

【A】自从离开故乡的那一天起，只要看见柳树，总会情不自禁地想起故乡。

【B】柳树突然被伐了。

我选____句。点评：_____

_____

（3）文章倒数第二段，说的是家乡的变化：小河干枯、柳树被伐、建起屋舍，对此，你有何感想或思考？（4分）

_____

_____

_____

3. 写作训练。（60分）

在人生道路上，难免会遇到这样或那样的挫折，面对挫折我们该如何应对？心态决定了一切，良好的心态，会让你迎难而上，开拓进取。

阅读《心态好，一切都好》，谈一谈心态对人生的帮助。文体不限。字数：600—1000。

坐拥书城的感觉像做皇帝

🌸 心灵寄语

> 读书是通往梦想的一个途径，读一本好书，让我们得以洗涤心灵，开阔视野、丰富阅历、益于人生。书籍就是望远镜，书籍就是一盏明灯，让我们看得更远、更清晰。坐拥一座书城就坐拥一切。

坐拥书城的感觉像做皇帝，惬意无比。就像鸟儿占据了整个森林，知了霸占了整个夏天，鱼儿拥有了整个大海。一个嗜书如命的人拥有很多很多书的时候，就会产生这种奇妙的感觉。有时候，坐在自己的书房里，会莫名其妙地感动。

一个人的爱，有时候是会和恨联系在一起的。爱恨交加的爱，才是真正意义上的爱。喜欢赵本山在小品中说的那句话："我受过刺激，强烈的刺激。"当我从书架上抽出一本书，打开，嗅着郁郁的书香的时候，我就会想起那个长的壮壮实实的高个子男人。

他是小镇上新华书店的营业员。

我们的小镇和我们的小村是同一个名字。很小的时候，并不知道这个镇和这个村有什么区别。可能是有那些邮电所、工商所、医院、税务所之类的部门存在，所以就被称之为小镇吧。这些公务员们喜欢把我们的村叫镇，我们喜欢把我们的镇叫村。

小村有一条尘土飞扬的路，是东西走向的。从小村穿过。我的家在村东头，小学在村西头。那些在供销社、食堂和各个机关干工作的，或者说是干革命的领着国家工资的人都在村西头的马路两边。新华书店就坐落在村中心位置上，旁边是镇中学。原以为我从小学上完就上中学然后再去什么地方，没想到小学没上完，中学更是无缘。"黄河在这里转了一个弯"这句话就像说每个人的命运一样，这一转就把人转得百感交集了。

新华书店是一个很小的门脸，租的是一个大地主家的房子。没想到这个大户人家的孙子和我是小学同学。在上小学四年级的时候，我们学习《雷锋》这篇课文，老师让我们忆苦思甜，写一篇《我的爷爷》的苦大仇深的作文，写他们是怎样被地主和富农们剥削的。我那个同学可愁坏了，他一筹莫展，在教室里问老师："我的爷爷是地主，我怎么写啊。"老师忍俊不禁地说："你就写你爷爷是如何剥削穷人的。"同学们大笑。新华书店租的就是他们家的房子。书店的门，是用一块一块木板连起来的，就像南方的店铺一样，开门、关门都要一块一块地拆装木板。平常，新华书店的门总是关着的。

因为我们村和县城还有三十多里远，这个新华书店的营业员还兼管其他地方的业务，所以，只有在小镇集会的时候，才会开门。每天路过新华书店的时候，我都忍不住要向书店的门那儿看看，希望会出现奇迹——门突然打开了。这种渴望有时候很强烈，强烈到忍不住的时候，我就从木板与木板之间的缝隙张大眼睛往里面窥视，看看有没有什么新书。里面黑乎乎的，只有天气很晴朗的时候，我才能看清。不过和门只有一两尺远的地方，有一个高大的水泥墙隔着，我只能看到一两排书架上的书。那面水泥墙就是营业员给顾客取书的柜台。

那时，我上小学四年级。我的下巴颏刚刚能挨着水泥的柜台，要想看到更多的书，就必须踮起脚尖。在我的记忆中，我们村的人不仅穷，而且几乎没有什么人读书。大人孩子都不喜欢。所以，新华书店显得很萧条，几乎成了摆设。那个留着寸头的男人颧骨很高，说话的时候，会露出明晃晃的一颗镶嵌的锡牙，也可能是银牙，反正发着幽幽的白光。他常常是双手缩到袖子里，用双肘支在桌子上，无所事事地望着门外的马路。好像这个小店是他们家开的，显得很悠闲，并有主人之感。

每天新华书店开门的时候，我总是第一个走进来的小顾客。因为经常来的缘故，他大概记住了我的样子。我一进门，他的脸拉得就像马脸一样长，等第二个顾客进来的时候，他的脸色才开始好转起来。记得有一次，我刚进来，他就不耐烦地说："出去，出去，还没开门。"把我轰了出去。可能他对我厌恶得无以复加，但又找不到好的方式表达，所以只能采取这种无可奈何的方式小小发泄一下。我明白了，我不仅不受欢迎，而且还会败坏他的心情。这是因为我常常会对他说："把这一本书取一下，把那一本书取一下。"看了，不买；不是不买，是穷，没钱。

记得有一次，我看见了一本新的根据电影改编的连环画《红色娘子军》，我让他取出来，津津有味地看了起来。那些画面灰乎乎的，比黑白电影还要让人压抑。没想到，我刚看几页，书突然被这个营业员夺走了。他皱着眉头说："你不买就别看。翻来翻去，脏了，卖给谁？"那个脸比平常长了一倍。仅有的一两次，我真的要买，他也不让我看。他只看一下书的定价，告诉我，然后把书放在书架上不让我看。我说我要买，他就让我把钱拿过去。我付了钱，他把书给我，脸还是保持着不胜其烦的感觉。似乎他很不愿意把书卖给我。再后来，我想看什么书他都不会给我取了。我只能挨着旁边看书的伙伴，和人家一起看。就像古代那个借光读书的人一样，我是名副其实的借光。

我深深记得他冬天穿着厚厚的棉袄，袖着手，或者把手放在炉火前的样子和他深深皱起的眉头。我生气，但并没有产生恨的念头。我想，长大了，我一定要把这个书店买下来，或者买比这个书店更多的书。我是那么想了，而且念头很强烈。我很喜欢书店，那里有我最喜欢和我最爱的东西。如果有人说那是知识的海洋，我一点儿感觉也没有。远不如说，这里有很多有趣的书，我更能产生渴望亲近它的愿望。这种感情是不能用理性分析的，就像农民面对自己的庄稼，他们不可能天天想光合作用吸收二氧化碳一样。

小学没有读完，我就离开了我的小学。家境贫穷是一个原因，更重要的是我疯狂地迷恋上了课外书，门门功课都红光闪烁。在小学四年级的时候，爷爷就看出我不是学习的料，身单力薄、体弱多病，也不是种庄家的料，所以把他的炸麻花手艺传授给了我，希望我将来长大做个手艺人，靠手艺养活自己。一九七七年，我就开始跟着大伯四处去打工。只要手头的活儿一结束，我就飞快地向书店奔去，看看有没有自己喜欢的书。有时候，身上的围裙还没有脱下，就哗哗啦啦地跑到书店去了。人们很诧异，书店的人更诧异，这个做厨师的小孩不是学生，为什么还要看书呢？有文化吗？能看懂吗？他们的目光含义深刻。我不会在意他们的目光，我只想着有没有我喜欢的书。那时，我打工挣来的钱家里人从来不向我索要，所以，这些钱几乎全部让我买书了。

那个时候，我喜欢读诗，喜欢写诗，更喜欢买诗集。一九八四年的时候，我在西宁打工一个月。买了一些诗集。回西安中途转车的时候，我在火车站等得焦急，就让一个毫不相干的人帮我照看一下行李，而我一个人跑去解放路的新华书店了。后来回想起这件事的时候，有些后怕，尽管我的行李只有一个铺盖卷和一件军大衣，但我对人家一无所知，我就如此信任对方，更何况还不知道人家是什么时候上车，一个人就放心大胆去书店了。我买了一些诗集，记得有钱春绮翻译的《歌德诗选》。我并不认为自己能读得懂这些诗，尤其是《唐诗三百首》。我听信了别人说的"熟读唐诗三百首，不会作诗也会吟"的写作经验，所以有一段时间我天天摇头晃脑读《唐诗三百首》，偶尔还涂几首旧体诗作。再后来，别人告诉我说作旧体诗是要讲究音韵的，什么平平仄仄仄仄平之类的，索性不写旧体诗了。

冥冥之中，有些东西是被注定的一样。在大学毕业填报毕业分配志愿的时候，我毫不犹豫写下了"西安"两个字。我想起了解放路书店、火车站，以及那个城市的文化气息。但我没想到，黄河又转了一个弯，我只是西安的一个过客，一下子被分到和西安有一百多公里远的宝鸡地区的一个山沟里，大三线的工厂。我的命运始终被书牵扯着，诱惑着。一本书，打开就是我的人生；一本书，合上就是我人生一个阶段的结束。

后来，小镇的新华书店在我没有上大学的时候，就已经关闭了。好像它唯一的作用或者说存在价值，就是想点燃我，让我拥有更多的书。我甚至都有些恍惚，它究竟存在过没有？坐在自己宽大而又奢侈的书房里，我想起了那个高个子的男人，一个人，受点儿刺激挺好的，就像植物一样，来点激素兴许长得更快，只要不畸形就好。

精彩赏析

"坐拥书城的感觉像做皇帝，惬意无比。就像鸟儿占据了整个森林，知了霸占了整个夏天，鱼儿拥有了整个大海。"文章开头用排比的修辞手法把坐拥书城比作占据整个森林的鸟儿、占据整个夏天的知了、拥有整个大海的鱼儿，充分说明拥有书城是一个读书人的最高欲望。下文中"我一进门，他的脸拉得就像马脸一样长。""你不买就别看。翻来翻去，脏了，卖给谁？""我只能挨着旁边看书的伙伴，和人家一起看。"从"我"在书店读书时候被营业员嫌弃到"我"只能挨着别人借光看书的经历，说明作者极其喜爱读书，也激起了作者想拥有宽大而又奢侈的书房的欲望。

在厕所读书

> 厕所是一个处理体内废弃物的场所，也是生活中最私密的空间之一。厕所能让我们拥有一个独立的安静的可以专心看书的环境，可以说，厕所是读书的天堂。

爱一个作家，最好的方式莫过于去读他的书；爱一个作家的书，莫过于把它丢进厕所里。厕所是一个污秽的地方，但若把你喜欢的书放进厕所里，并没有不恭、不敬、不神圣的意思。我一直想在我的厕所里建造一个书架，可惜厕所的空间太小，不能把我最喜欢的作家的书放在那儿。前几天读到张辛欣的一篇文章，悉知她有一些书放在厕所里，实在艳羡至极。心里酸溜溜地想道：这个人倒是挺会享受的。

读书是一种享受，古人有"三上"读书的习惯，其中之一便是蹲在厕所里读书，看来这般美妙的享受古人早已懂得。但古人所言的"红袖添香夜读书"，我倒没觉出什么好来。如果是考验一个人读书的定力，那不如在念经打坐的和尚庙里放进去一个美女，实在无趣至极。读书是绝对需要安静的，大概在家里，再也没有比厕所更安静的地方了。一个人独占便盆，绝无人打扰你。即便你偶然想起某一件比读书更要紧的事，你也没有办法离开这黏人的便盆，因为肠胃里没有清空的东西像泰山一般坠着你。

厕所在我们常人看来是个污秽的地方，它是个限制人想象力也不能给人带来美妙联想的地方，和书似乎是严冬和阳春的不可协调的关系。但是，按照波德莱尔说的"在浓痰里看到了上帝的光辉"来衡量的话，这极致的污秽之处倒成了大美的所在。我们中国人不懂得享受，从不肯在厕所装修上下功夫。日本人在这方面颇为讲究，给厕所里丢松树枝，扔花瓣，把那一个污秽之处搞得诗情画意且芬芳四溢，他们在家里的澡堂里读书，在厕所里读书，情调高雅得让我辈惭愧不已。听说，日本的书商为了照顾这些在浴池里读书的人，他们特意造出了不易被水打湿的塑膜书。

其实，弗洛伊德早就揭示了人贪恋厕所的本质所在。我们蹲在那个使我们呼吸大为不畅的便桶上，我们的肌肉和心灵却很放松。我们犹如等待幸福和快乐一样，怀着极大的耐心。我们是在舒舒服服地享受着美妙的一刻。回忆在厕所的所见所闻，我倒是见过形形色色的人。有的人蹲在厕所里唱歌，有的人在厕所里思考，有的人从口袋里摸出一张纸（随便是什么，如果是情书就更好了）读，有的人故意大声哼哼，有的人掏出钢笔在厕所的墙上随便题上几句什么话（这比领导拿笔签"同意"二字的感觉还要好）。我有那么几个好朋友，他们上厕所都不喜欢使用卫生纸，而是从杂志、书或者本子撕下几页纸，一边清空回收站，一边愉快地享受着阅读的乐趣。我个人的体会，在厕所里读书，是双重享受的妙事。

在厕所读书的习惯，我很小的时候就养成了。在乡下，我家是一个露天的茅房。我每一次都要在厕所里扔一本杂志或书（没有保存价值），一边读，一边撕。有时候上厕所，提一本书，好像士兵上战场扛着自己的枪一样。有时读到精彩处，浑然忘了时间，在外面等着上厕所的弟弟或妹妹不耐烦地催我赶快腾地方，但我一点儿也不管，照旧读书，是地地道道的"占着茅坑不拉屎"之举。有时候大人着急，派弟弟妹妹来查看（是不是掉进茅坑里了）。有一次，爷爷在院子里哭笑不得地大声喊叫：你是在厕所拉石头吗！不过，厕所的那种异味确实有点儿破坏人的阅读心情。如果说厕所能消除那种异味，那么它当是我最愉快的首选的理想的阅读场所。基督徒在做圣事的时候要更衣要沐浴，以表虔敬。在厕所读书，一边排除污秽之物，一边吸纳精神精华，也是暗合了吐故纳新的自然规律，本身也可视为精神的一种圣事。

在厕所读书的人定然不在少数，只是大家觉得这就像隐私一样不便于津津乐道罢了。我并不是把时间抓得很紧，更谈不上嗜书成癖，而是觉得那样的阅读方式酣畅淋漓而已。如读诗，如听音乐，如赏美景，实在是人生快事之一。我每觉肠胃不适，就慌里慌张在书架上、在卧室的沙发上或者床上找书；其状就像是太太和女儿在楼下等我喊我去赴什么重要宴会一样，无书便如没有穿衣服一样紧张而又不安。如手中无书，便不能上厕所。而在厕所，长篇的小说或理论著作是不能阅读的；最好是短篇的，一篇小说、一篇散文、一篇童话或几首诗是最佳的选择。近来在厕所伴我的是《王尔德全集》中的书信卷。真不知道这位喜欢锦衣美食狂傲不驯的唯美主义者对我这个读者是不是有恼怒和不屑的表示。以我个人体验，在厕所读书，最大的赏心乐事莫过于摁动下水的圆形按钮时同时也读到了一篇文章的最后一个句号。这圆满的、皆大欢喜的结局会使我神清气爽，宛如刚赴了一次人生的盛宴。在厕所读书，本来就是我的一次盛宴！

精彩
赏析

作者说的"古人有'三上'读书的习惯，其中之一便是蹲在厕所里读书"，出自宋代文言轶事小说《闲燕杂谈》，书中记载："欧阳文忠公谓谢希深曰：吾平生作文章，多在三上——马上、枕上、厕上也。盖唯此可以属思耳。"可见古时有许多文学大家都喜欢在厕所里读书，也表明厕所读书的意义所在！正如作者开篇提到的"爱一个作家，最好的方式莫过于去读他的书；爱一个作家的书，莫过于把它丢进厕所里"可见厕所是最好的读书室；是精神吐纳之地；不光有异味，也有书香；厕所带给我们更多的是精神上的愉悦欢畅。不能领略厕上读书之乐的读书人，人生是有大缺憾的啊！

一生能读多少书

🌷 心灵寄语

苏轼曾说过："腹有诗书气自华"，可见只要饱读诗书，学有所成，气质才华自然横溢，高雅光彩。

一个人一生能读多少书？

这本来是个无聊的话题，但读友人的文章，顿感似有很多话说，反而觉得成了一个非常有趣的话题。中外都有人曾经认真地计算过，从六岁开始读书，一天读多少页，活多长，然后能读多少书，计算得非常精确。算来算去，也不过是区区数千册书。

区区数千册？这个结论让我大大地吃了一惊。吃惊之余，也有些紧张。什么书值得精读，什么书值得泛读，什么书必须一读再读，这个倒是要好好盘算下。时不我待呀，而书又浩如烟海。所以，还是要做一个善读者才好。

一个人小时候，阅读速度一般很快。一目十行，根本不得要领，但那是儿童的特点。我们要他精读那些经典，那实在是要求他不正常。女儿说她把《哈利·波特》读了足足五遍，我目瞪口呆不敢相信，但她却能把故事给我叙述得头头是道。记得小时候，我也是那个样子的，读书的速度超级快。我想泛渎也好、粗读也罢，这个是基础，

173

只有广博地阅读，才能上升到精读的层面上。

人慢慢长大以后，你想让他阅读得快一些似乎就不大可能了。因为他有阅读的基础，有阅读的积累，他要做笔记（虽然很少），他要去思考，他要去鉴别，他要去比较，等等，那个速度无论如何也快不了，除非是那种消遣的书，那倒是可以快快地读完的。但他有阅读的经验，他可以选择，他可以利用自己的智慧，大大地超越数量上的劣势。我和女儿的不同之处就在于她要把那个系列统统地读一遍，而我只需要读一本就足够了。其余的不过是作者的作品风格的延伸而已，无论作者有多么超越，但相差不会太远。

人不是机器，每天给自己制定阅读多少页、多少字、多少本，实在是个愚蠢之举。我只能说，那是个有毅力的人，那是个勤奋者，那是个苦读者，但绝对不是个善读者。人不是仓库，所以阅读的目的不是去往这个仓库里储存多少本书，而是要提升自己的智慧、经验、能力。善读者一生能读多少本书？我想读几万本是个小小的意思而已。其实，一个善读者对那些需要粗略知道的书，我想大约五分钟就可以读完一本。儿童书更是如此。如果说一个孩子不懂得阅读的技巧和经验的话，要把那些所谓的系列作品一本一本都读完，家长要是也这么做，那就有些愚蠢了。就像一个科幻作家写飞船大可不必非要去月球上一样。

我相信任何一本书都能给人带来益处，这就是所谓的开卷有益。只不过有的带来的益处多些，有的带来的益处少些而已。那些经典和名著自然是需要一读再读的，常读常新，在我看来，同一本经典在读第二遍的时候，等同于又读了一本书。更不用说一本经典从理论上说抵得上十本百本一般的书，从这个意义上说，能读经典三千本，估计应该算三万乃至三十万本了。阅读单纯从数量上说的数字，是毫无意义的。但当下也有一种不好的读书习惯，开口经典，闭口名著，非经典和名著不能读也，那是一种堂吉诃德式的贵族。王府井大街固然繁华，而乡下的集市未必没有情趣。阅读的快乐，就在于自由，就在于放松，功利心越少，能享受到的阅读乐趣就越多。

许许多多读书人，总喜欢说自己在读闲书。这个话一半是自谦，另一半是在悠然自得地享受阅读的乐趣。看看《老街道》《老房子》《老胡同》之类的书，未必就比看毕加索和凡·高的画的乐趣少、收获少。我不知道什么是必读书，也不知道什么是不可不读的书，那些专家们耸人听闻的推荐可吓不倒我，因为我从来就不迷信这些。一生能读多少书？而读什么书需要别人规定吗？阅读从来都是一种自由的行为，如果一个人连这一点儿自信都没有，那实在是不了解阅读的意义和价值。那些人人都在读的书、特别流行的书，倒是可以冷他一冷，冷了再读效果更佳。我以为一生能读多少书是个很没有意义的统计学问题，而最重要的是做一个爱读书的人和善读书的人，如是，那就是个优秀的读书人了。

精彩
——赏析——

读书的意义是什么？每个人在每个年龄段都离不开书籍，我们需要从书籍中获取知识，帮助我们解决困难和疑惑，或只是单纯地帮助我们休闲放松一下。正如文中作者提到的"儿童读书的特点：一目十行，根本不得要领。""女儿说她把《哈利·波特》读了足足五遍"可见读书不是说自己读了多少书、多少遍，是根据自身所需去读，是为了达到某种目的去读。这样才是真正有效的读书。

我和卡尔维诺的故事

🌸 **心灵寄语**

　　我对文学的前途是有信心的，因为我知道世界上存在着只有文学才能以其独特的方式给予我们的感受。

　　我有一个朋友，从中学到大学一直是同学。二十多年来，我们偶尔相逢，或是电话，话题总会不由自主地转到最近读什么书上面去。我受他的影响很大，大学时期，他给我打开了一扇窗，让我迷恋上了传记文学的阅读。我读的第一本传记文学书就是欧文·斯通的《渴望生活》。我曾经写了一篇《一个朋友，就是一本好书》的文章，记述了我读第一本书的经历，以及和他差点翻脸的故事。

　　那一年，我大学毕业分配到了陕西岐山一个大型三线企业，而他分到了青岛的一家报社。一天晚上，他打电话给我，兴奋地和我谈起了卡尔维诺。他强烈建议我一定要好好读读卡尔维诺。他说这是一个了不起的、伟大的作家。他说：有一天深夜，他加班回家，路过一个公用电话厅的时候，突然公用电话厅的电话响了。他被急切而又尖锐的铃声吓了一跳。这个电话声引起了他的好奇，触发了他的想象。他想，什么人深更半夜会给公用电话亭打电话呢？

他说，这个奇怪的想法源于对卡尔维诺的阅读。他说，这种细节也只有卡尔维诺这样的作家才能惟妙惟肖而又入木三分地表现出来。他说……《寒冬夜行人》《树上的男爵》《一分为二的子爵》……他说。他说的都是卡尔维诺。

很可惜，在我那个闭塞的地方，根本无处买书；即便有，这种阳春白雪的书估计书店里也不会进。当时，我在这个几乎上万人的大企业里面做秘书副科长（主持全面工作），管着秘书、文书、档案、打印、收发工作。我灵机一动，可以利用网络。我把网上所有能搜罗到的卡尔维诺的作品以及关于卡尔维诺的评论全部打印了出来。足足塞了一皮箱。这大概是我当科长时候所做的唯一的一件比较大的腐败的事情，而我从中也体会到了权力的好处。2003年的秋天，我应二十一世纪出版社社长张秋林先生的邀请，前往江西南昌。非常有意思的是，这一次南昌之行，改变了我的人生道路，让我从机械制造业改行进入了少儿出版业。临行前，我把打印的卡尔维诺的所有资料都塞进了箱子里。

那个时候的火车很慢，像蜗牛一样。很感谢这趟绿色的慢火车，让我的旅行变成了卡尔维诺的阅读之旅。我坐在靠窗户的座位上，而且我把窗口的玻璃打开了，喜欢让风吹散徐志摩诗歌中所说的令人烦躁的"匆匆"声。我几乎是看一页，就往窗外扔一页。而被丢出去的纸，像一枚巨大的白色的花瓣，在空中飘洒着落下。我总要忍不住看两眼，这种哀感顽艳的美，让我有忧伤的快感。我想，这种美也许只有川端康成的大手笔才能写出来。

卡尔维诺是作家之中的作家，是被称之为作家之中的作家中最明朗的一个。他先是从现实主义题材开始走上文坛，后来才转向现代派，所以，他的作品非常好读。就像一个画家写生练习的功底很深，然后再转向现代派画家一样。而有些画家，写生都没有练习好，却急急忙忙走向现代派的绘画，所以比较艰涩难懂。文学也如此，尤其是西方现代派的作家，许多作品都晦涩难懂，这和他们没有坚实的现实主义创作底子有关。

我记得卡尔维诺的遗作，有十多篇，用我们现在的话说，差不多算是微型小说或者说是千字文，没有被收入卡尔维诺的文集中。而那篇美妙绝伦的《书痴》更是令人拍案叫绝，这篇作品如能用精神分析学的方式或者说新批评派的方式进行解读的话，那就更是美上加美了。它差不多能算得上是香艳小说。《寒冬夜行人》和《书痴》放在一起，那简直就是给读书人专门写的一个理想化的东西。红袖添香夜读书和雪夜闭门读禁书的快乐，从这两个作品中完全可以体验到。《寒冬夜行人》中的一男一女同读一本书，读着读着最后竟然读到一张床上了，而且还在床上探讨这本书。天才的想象力，天才的表现力，除此之外，我找不到更合适的词来形容和赞美卡尔维诺了。

我记不得自己是否吃饭了，但废寝忘食是肯定的。如果说有人表扬我珍惜时间发愤读书，那我会纠正他说：这是风马牛不相及的事。优秀的作品就有那种巨大的牵引力，它会让你产生一种身不由己地被牵引之感，无法抵制，只能顺从。如同王尔德说的那句妙语"我这个人意志比较脆弱，不能抵制诱惑；我抵制诱惑唯一的方法就是顺从诱惑"一样，我只能顺从而忘记别的，一页一页的白纸在窗外飞扬，真像我献给卡尔维诺先生在天之灵的花朵。这是一种崇高的、巨大的敬意和感激。

我曾经为卡尔维诺写过三篇评论：《我的孤独来自我的身体》《诚实的人都该死》《卡尔维诺是一种时尚》。其中《我的孤独来自我的身体》是评他的《孤独》一文的，《诚实的人都该死》是评他的《黑羊》一文的。这两篇是我以自由投稿的方式在《中华读书报·国际文化版》上发表的。非常有意思的是，在北大网上有一批研究哲学的人曾对我的《诚实的人都该死》一文产生过激烈的争论。一个人认为我曲解了卡尔维诺的主题，而更多的人是站在我这一边的，认为我挖掘出了卡尔维诺深刻的主题。

2003 年，对我的个人而言，是值得纪念的一年。我认识并阅读了卡尔维诺，而且，我的人生之路也转了一个好大的弯。唉，除了一声幸福的叹息，说什么都是多余的了。

卡尔维诺。卡尔维诺。卡尔维诺。

精彩赏析

"我把网上所有能搜罗到的卡尔维诺的作品以及关于卡尔维诺的评论全部打印了出来。足足塞了一皮箱""临行前，我把打印的卡尔维诺的所有资料都塞进了箱子里""那个时候的火车很慢，像蜗牛一样。很感谢这趟绿色的慢火车，让我的旅行变成了卡尔维诺的阅读之旅"通过这三处的描写，可见"我"对卡尔维诺作品的重视程度之深，再加上下文"我""对卡尔维诺高度评价""废寝忘食地读书""曾经给卡尔维诺写过三篇评论"可见"我"对其作品的认同，更说明"我"是多么喜欢这位作家，多么喜欢他的作品。

运书大队长

🌷 **心灵寄语**

读书，让我即使没有富裕的生活，仍有富裕的生命；让我清贫至今也朴素至今，平凡至今也善良至今，渺小至今也强大至今。

女儿上大一，学的中文，不到一年的时间，她已经给我开了三次书单了。所开的书单里的书，我要么给她寄去，要么去山东时给她带上。所以，我自己给自己封了"运书大队长"一职。

也许，有的人会说，邮寄、送书多麻烦啊，让孩子去大学图书馆借不是更方便吗？我觉得说这种话的人，差不多是对我智商的一种侮辱。如此简单的问题我能想不到吗？但我想说的是，上大学期间，要是你家境富裕的话，千万别去申请什么困难补助。这个比喻差不多能回答我为什么不主张孩子去借书的问题了。

二十年前，我上大学的时候，四年的时间，几乎都泡在图书馆里了。那个时候，我家里穷，也买不起什么书——尽管也买了不少——所以我不得不去图书馆里借。二十年后，我想说的是，我想看的书，大学图书馆还真不一定有。我是不太信任图书馆的，毕竟，这些选购书的人——能决定图书馆里进什么书的人——不一定那么懂文学。

你想借的书，没有，这会让你愤怒；你想借的书，恰好又被别人借走了，这会让你沮丧。尤其是大学老师布置课堂作业需要阅读的书，常常可能只有极个别人才能借到。这些不利的因素，我都替女儿想到了。

我读书有个习惯，喜欢用笔在书上做标记，或者批注什么的。图书馆里的书是公共的财物，你不可能随便乱画。尤其是读到那些让人心潮起伏的好段落的时候，如醍醐灌顶般的睿智名言的时候，你会不由自主用笔画上波浪起伏的曲线。如是图书馆的书，这种激动便会大大减弱。大雪纷飞，大雨瓢泼，突然你想看某一本书时，去图书馆借那多不方便呀。阅读，是需要激情的。我可不希望女儿这个时候去借什么书。

女儿上大学的那一天起，我便有深深的失落感了，但我最大的忧虑是：一个人学中文，如果在大学期间不大量阅读书的话，那么这个中文可真的是白上了。女儿在家，我们家庭的阅读氛围、阅读习惯都是良好的，从她一诞生起我们就为她准备好了这一切。现在她脱离了我的视线，她已形成的阅读习惯要接受考验了。毕竟，这个时代，还有大学校园，都不利于一个人沉静阅读。浮躁、诱惑太多。

我虽然大大咧咧、性格粗放、丢三落四，但在有些小事情上，还是很用心计的。比如说，有些书要送人了，有些书要捐送了，我必然会轻描淡地对女儿说："嗨，我挑了一大堆书，准备送人啦！"我的心都提到嗓子眼上了，我密切关注女儿的反应。一般情况是，她二话没说，赶紧下楼，把我要送的书翻看一遍，觉得有用的就挑出来。我心花怒放，女儿又经受了一次考验。我希望她爱书，喜欢书，对书有深厚的感情。如果她无所谓，那才是我真正的悲哀。

喜欢书的人都有个毛病吧，总喜欢想百年之后书如何处置的问题，我也不例外。数万册藏书，如果女儿不喜欢的话，那么这些书魂归何处，的确是个头疼的问题。所幸的是，女儿喜欢书，喜欢阅读，而希望的是，她的这份爱能保持下去。

女儿给我开了一个书单，估计是现代文学课的老师要求读的。如丁玲的《莎菲女士的日记》，萧红的《呼兰河传》《生死场》《小城三月》，巴金的《家》《寒夜》，老舍的《骆驼祥子》，茅盾的《蚀》三部曲、《子夜》。

我说："肖红的书找到了。"

女儿说："老爸，是萧红，不是肖红，你怎么老是错别字呀！"

我说："哈哈，人家最早发表用的名字就是肖红！"

女儿说："哦哦哦。老爸铁证如山，女儿错了。"

巧的是，女儿上一次要的宗白华的《美学散步》也让我找到了。

因为是不同的版本，所以，十多本书厚厚的一大摞。妻子怕我太累，就帮我快递了。

女儿问："怎么回事，老爸不愿意帮我带吗？"

妻子说："不是，是我强烈要求的。因为你爸爸先要去青岛，然后才去济南，不方便，我才快递的。"

是啊，我对书的感情，我对女儿的感情，怎么会嫌书累呢？如果这一点儿疲惫就让我放弃的话，那么无论如何我都没办法要求女儿爱书的。

我是很乐意当这个运书大队长的。

精彩
—赏析—

　　"让孩子去大学图书馆借不是更方便吗？""你想借的书，没有；这会让你愤怒。你想借的书，恰好又被别人借走了；这会让你沮丧""我读书有个习惯，喜欢用笔在书上做标记，或者批注什么的。图书馆里的书是公共的财物，你不可能随便乱画"这些因素充分说明"我"为什么选择最不方便的方式给女儿运书。是为了女儿可以拥有更好的阅读环境，旨在告诉读者读书的重要性，以及如何正确地读书。

————————

藏书的好处

心灵寄语

　　藏书是一种态度。藏书是为了时刻提醒我们还有没读的书，我们的知识还远远不够。"贫者因书而富，富者因书而贵。"这正是藏书的真正意义。

　　藏书的目的，一般说来只有两个：一，阅读；二，为收藏而收藏。只是这后一种，常常被人看不起，不仅如此，还会遭到讽刺和奚落。所以，我总是替第二种藏书人愤愤不平。

　　大凡对于藏书者的第一种目的，几乎没有什么异议。书么，本身就是知识的载体、信息的来源，读之，便是获取知识、明白事理、愉悦性情、提高修养，好处不一而足。但我觉得，这是实用主义的态度。为收藏而收藏，在我看来，就是一种浪漫主义的态度了。喜欢收藏的人，无奇不有，大到文物、汽车，小到邮票、火花，都有收藏者，为何书不能为收藏而收藏呢？

　　邮票，通信的邮资，我想收藏的人，不会去用它贴了信寄出去吧？不邮寄，藏起来，那就是收藏了。书，也如此。从某种意义上说，书，应该是一种艺术品。我想那奇货可居的宋版书，绝对不是用来读的。古老的线装书、民国书，如果仅仅是为了读，那还不如去读电子书，电子书更方便，更利于阅读。如果把书视为一种艺术品，那么，收藏是第一要义，而阅读则是第二要义。

大多数人对于书的欣赏，仅仅停留在书中的内容上，就是那些密密麻麻的汉字。所以，这类人把阅读当作最主要的，根本无法升华到收藏的层次上。而对那封面、插图、装帧设计、版本心存喜欢的人，才有收藏的基础。因为在这些人眼里，书本身就是一件艺术品。如果收藏仅仅是考虑它的经济价值，那也是俗不可耐的收藏者。显而易见，旧书的升值空间越来越大，在全世界的范围都如此。只有那些喜欢、痴迷、把玩、品味的人，才是真正意义上的收藏者。

我喜欢收藏书，所以经常会被人追问：你那好几万册书，你都读过吗？这种问题总让人哭笑不得。你若是回答没读过，那对方会继续追问：那你买那么多做什么？总之，这是一个没完没了的问题。人世间最简单的问题，解释起来往往最困难，而且越解释越混乱、越复杂。就像一个人陷进泥潭一样，越是挣扎，陷得越深。

藏书有什么好处？我也回答不上来。有时候，那些喜欢的书，看上几眼，就会觉得有一种深深的满足感。换句话说，喜欢藏书的人，生活的幸福指数都很高。购进一册书，便获得一份快乐。翻几页喜欢的书，便是一种满足。据说一位名人老先生，即使坐着轮椅，每天也要家人推着车让他在书架前浏览浏览。就像一个元帅在检阅自己的士兵一样。普希金在告别人世的最后一刻，也是将目光射向自己书架上的藏书，似乎在说：再见了，朋友们。那些不喜欢藏书的人，是不能理解藏书人对书执着的爱的。

藏书，的确是一项漫长的劳作，服役一般。但服的这种役并非是苦役，而是像为所爱的恋人服役一样。可以算得上是甜蜜的忧愁。时间上的消耗，金钱上的拮据，体力上的辛苦，自不待言。常常是，周日的时候，我会问朋友孙卫卫："在干什么呢？"他回答："在整书呢！"藏书的人，免不了经常做搬运工，免不了经常做清洁工。我经常会把这个书架上的书，搬到另一个书架上去，忙忙碌碌，像只蚂蚁一样。太太笑话我，我也不以为意，这份快乐她如何能体会呢？

藏书，当然是满足自己的需要，但有时候也会惠及朋友。上海的朋友来我家时，一下子借走了十多本书，他要写博士论文用。我说："你们大学图书馆那么多书，还要在我这里借书啊。"他感慨地说："老兄，不一定能借到啊！"我满心欢喜，没想到自己的书还可以对朋友有所帮助。这当然不是唯一的例子了。我曾经两次帮过张之路先生的忙，一次是他要出国，打算带自己出版的长篇小说《替身》，谁知，他手里一本也没有了。张之路先生向我借阅，我下午就快递给他了。还有一次，他出版的《霹雳贝贝》的初版书，他急用，手里也没有，向我求助，我立刻满足了他。

最得意的，要数帮曹文轩先生的忙了。他曾经在1986年出版过一本《云雾中的古堡》短篇小说集。我把所有的文字都录入了一下，告诉他小说中有的篇名时，他很惊诧地问："我写过那篇小说吗？"他的作品现在是一文难求，很多出版社都盯着他的稿子。他开心地说："武林，稿子已经给别人用啦，谢谢你。"

藏书的好处，有很多，这里举的小例子，很是意外的。藏书如同一个人拥有的很多知识一样，谁知道什么时候会派上用场呢？而藏书的诸多好处，还在等着人们去发现吧。

精彩赏析

　　文章虽然用藏书的好处做标题，但是却用大量笔墨描写藏书的意义，可见对于一位作家来说，藏书的目的不是为了所谓的"好处"。文章第一段提出"藏书的目的，一般说来只有两个：一，阅读；二，为收藏而收藏"直截了当地阐释了藏书的定义主要是为了自己的需要；"我满心欢喜，没想到自己的书还可以对朋友有所帮助。"这意外之喜是作者藏书的收获，一种成就感油然而生，进一步说明藏书的重要意义。

曹文轩的书房

🌸 **心灵寄语**

　　书房对于主人来说，是一个具有独特意义的地方，它记录着主人徜徉书海、下笔成文的点滴日常，同时也是作家心灵的栖息地，彰显其独特的精神气韵。

　　曹文轩的书房很别致；参观过很多作家的书房，都没有他那样设计自己书房的样式。一进他的家门，扭过脸，眼睛可以直接看到窗外的阳光，看到窗外的建筑。往左边一瞥，就能和他的书架面对面了。他把短短的走廊，以及阳台，全部作为书房的空间了。所以，他的书房显得格外庞大、格外气派。

　　曹文轩是个生活能力极强的人，从房内的设计到材料的购买，他都是亲力亲为的。想必，他的书房也是他自己设计的。走进他家的书房，不能不令人肃然起敬，似乎走进了欧洲豪华的图书馆一样。走廊不长，也狭窄，但走一两步，视野突然开阔起来。如同山谷里的小溪突然流进湖里一样，两面的墙壁，都摆着枣红色的书柜，书柜都是带门的，它们遥相呼应，相得益彰，像一对孪生的兄弟。在左面的书柜前，摆着一张硕大的写字台。从窗户外面照射进来的阳光，映在书柜和写字台上，发出厚重而又柔和的光芒。仿佛那不是光影，而是凝滞的金属一样。

曹文轩的书房的墙壁上，干干净净的，洁白，没有摆什么字画之类的风雅之物。我从来没有问他，为什么不挂些字画的问题。也许，一个心中有风景的人，不需要再去看什么风景吧。我只能这么想。我和他交往虽然很多，但从来不问他是否和书画界的朋友交往。我知道他在北大作家班做过老师，做过班主任，很多大牌的作家都是他的学生。中国作家协会副主席高洪波在很多场合都讲："曹文轩是我老师！"师承的关系就是这么来的。他是一个喜欢干净的人，整个书房一尘不染。桌子上也不堆很多书。只有一些稿纸、本子之类的东西。更多的小本子，在他写字台的抽屉里放着。他好像从来不读书不写作一样，把自己忙碌的痕迹涂抹得干干净净的。其实，他读书不喜欢坐在写字台的椅子上，他更喜欢在卧室或阳台上读书。他享受那种阅读惬意的感觉。

曹文轩书柜里的书，每一次我都喜欢浏览浏览。一看他的书，就知道他是搞中文的，教授和研究文学的。尽管他很多书我都有，但我从不以此为自豪，我深知书在不同人手里的价值和用途是不一样的。他的西方哲学、西方美学、西方文学理论和评论、世界名著占据大多数，当代作家的书也不少。儿童文学类的书，摆在进门的书柜里，似乎向你表明：你是走进一个儿童文学作家的书房里来了。但当你走近真正的书柜面前时，你就会发现他的文学视野很开阔，你就能理解他为什么提出"在文学的大系统下面谈儿童文学"的论点了。我淘到一些外国文学名著的老版本，有复本的，送给他，他总是很客气地说："武林，我也会送一些书给你！"

在他的书房里，他喜欢和我谈论书。他会向我推荐一些他读过的好书。记得他妹妹曹文芳刚走上创作道路的时候，他每次都会给他妹妹开书单。他觉得一个作家要想走得很远，必须要多读书，否则，文学视野不会开阔。记得有一次，在他的书房里，他突然发火了。他说："一个作家连书都不读，还写什么文章。"尽管他的创作和社会事务以及教学都很忙，但他从来都不放弃阅读。记得有一次我和他一起去外地做活动，空闲的时候，他拿出一本诺贝尔奖作家的书在读，我吓了一跳，我也带了这本书。当时，我还以为是他把我的书拿走了。当我回到自己房间的时候，打开包一看，我的书还在。依照我以往的性格，早就问他了，但我们交往的时间越长，我越清楚他这个人是君子的风范，所以我先检查了一下自己的书。

在他写字台斜对面，靠着角落的位置，摆放的是他个人出版的作品，中文版的，外文版的。我读不懂外文，所以，从不要他的外文版书。有一个山东的书友，喜欢收藏外文版的书，我向他索要了一本。而我自己，借着和他亲近之便，给不少朋友都弄到了他的签名本。他自己的早期著作，他本人都搜集不全。当我拿出一本旧书时，让他都惊讶，他说："哎呀，武林，你还有这本书啊，我都没有。"其实，他早期写过的很多东西，他自己都不记得了。他有早期发表的几个短篇小说，他自己都不记得了。我发现后送给他，他开心地说："哎呀，要稿子的人太多了，正好，我可以还点文债了。"

有一次，我对他说："曹老师，《忧郁的田园》这本书你还有吗？"他大方地说："有！"他弯下腰，从书柜下面取出了一本签名后送我。这本书当时印量极少，只有两千多册，是北京十月文艺出版社出版的。那一套书都是成人的小说，印量都不大。而那些作家，都是中国目前极负盛名的作家。

　　有时候，我想，一个想走远路的人，必须装备足够的食物和水。而一个作家的书房，便是一个作家的粮食和水。靠聪明写作的作家，也许会获得一时的荣耀，但真正的读书人总是能识破一个作家储备不足的真相的。曹文轩的书房，便是他强大的后盾，因为有无数个大师都站在他的身后，他不可能不走得很远很远。

精彩赏析

　　文章主要描述了曹文轩先生的书房，旨在向读者展示一位作家书房的样子，以及平时的生活习惯。如"他把短短的走廊，以及阳台，全部作为书房的空间了。所以，他的书房显得格外庞大，格外气派""从房内的设计到材料的购买，他都是亲力亲为的"通过对作家书房的描述，以及作家对书房的重视，可见他是一位爱书的人，他的书就是家，家就是书，正是这份对书的热爱成就了他。

▶ 预测演练四

1.阅读《一生能读多少书》，回答下面问题。（8分）

（1）文章开头提出问题："一个人一生能读多少书？"其目的是什么？有什么好处？（4分）

_____

_____

（2）第六段谈到读一些经典和名著，请结合你自己的读书实际，写出一部书名，并谈谈从中得到什么益处。（4分）

_____

_____

2.阅读《藏书的好处》，回答下面问题。（8分）

（1）文章是围绕"藏书"这个话题展开的，作者眼中的藏书人是什么样的？（4分）

_____

_____

（2）读完文章后，你是如何看待藏书人的。（4分）

_____

_____

3. 写作训练。（60分）

一个人的气质里，蕴含着他读过的书。甚至可以说，你就是你所读过的书。你读过的每一本书，融汇成你自己生命的营养，对于作家，书房的重要性更是不言而喻的。阅读与写作，相当于作家的双翼，让作家得以在精神世界里翱翔。

阅读《曹文轩的书房》，谈一谈你对书房的认识。文体不限。字数：600—1000。

参考答案

★试卷作家真题回顾★

【丑　婆】

1.①兴奋、惧怕（1分）②一天晚上（那一夜）（1分）③得知丑婆送桑葚的真相（1分）④给丑婆送杏子（1分）

【解析】此题考查的是从文中搜集信息的能力。通读文章，文章第②段开始写了"我"听闻了丑婆的传说，"怀着既兴奋又惧怕的心情，渴望多知道一些有关丑婆的一些事情"，接下来的"一天晚上，我正睡得迷糊，突然被一阵剧烈的争吵惊醒了"，在迷迷糊糊中"我"听到了父母的谈话，知道了桑葚是丑婆送来了，理解了丑婆的苦衷，于是第二天"我捧着杏子来到丑婆家的朱漆大门前，口中念念有词：丑婆，丑婆，我给你送杏子来了，请你开门"，此时"我的声音没有走调。我不害怕"。据此理解作答。

2.①河中的小船（1分）②汇集了包容的港湾（1分）

【解析】此题考查的是仿写句子。在仿写时要注意把握内容和形式两方面，结合上下文选择合适内容和合适的修辞手法。分析画线句"我们这些孩子都是树上的小鸟，丑婆你就是生长着快乐的大树"可知这里运用了比喻的修辞手法，内容上把握上下句的关系仿写即可。示例：我们这些孩子都是海洋中的小鱼，丑婆你就是承载着包容的大海。

3.示例：您的宽容，您的无私，我们的无知与伤害，这一切令我多么懊恼与羞愧。丑婆，我对不起您！（4分）

【解析】此题考查的是对人物心理的揣摩和语言表达的能力。解答此类试题，要真正走入作品，走进人物的内心世界，这样才能准确把握。这个偶然的机会，让"我"了解了丑婆，感受到了她的苦衷，"那一夜，我失眠了，翻来覆去想着丑婆……"此时"我"的内心应该是非常复杂，这里有对丑婆的愧疚——因为之前对丑婆的误解和嘲讽，有对丑婆的感激——并不与孩子们计较，每年都送来桑葚，宽容体贴。所以这里的心理描写主要需要体现出这两种心情。

4.示例：我认为丑婆不丑。人的美与丑应看心灵与品质。丑婆喜爱孩子，每年都给孩子送桑葚；她委屈自己，为了不让孩子受到惊吓，总是避而不见。拥有一颗热爱儿童与包容他人心灵的人是美丽的。（4分）

【解析】此题考查的是对人物形象的把握。解答此类试题时，首先从文中找出对该人物的描写，然后结合这些描写分析人物形象即可。"丑婆是害怕把孩子吓着，所以她一般在黑夜里走动""孩子每年都吃着丑婆的桑葚，享受着她的爱""她害怕弄醒孩子，更怕惊吓着孩子"这些句中可以看出丑婆有着美好的心灵，她对孩子们宽容，为了不让孩子受到惊吓，她只是委屈自己，可见丑婆不丑。

★试卷作家美文赏练★

【预测演练一】

1. （1）写小学六年级的"我"在支援麦收时跑到邻近的水库去游泳，被班主任老师狠狠地打了一记响亮的耳光的故事。（3分）

（2）不能。因为这一情节运用了细节描写，表现出了"我"对游泳的喜欢。如果删去，就不能顺理成章地引出下文跑去游泳的情节。（3分）

（3）表达了作者对成长的感悟，对自我的反思，对牛老师的关切之心的感激、赞美和怀念。（3分）

2. （1）"天天吃饭"表面含义是每天吃饭，深层含义是靠本领吃饭。"天天吃饭"作为线索贯穿全文，既点明了文章的故事情节，又交代了文章的写作情感。（4分）

（2）这句话用了神态描写的方法，刻画出爷爷对"我"深切的爱和浓浓的牵挂。（4分）

（3）含义：爷爷这句话是让"我"好好学习炸麻花的手艺，它会成为"我"的基本生存技能，让我拥有获取自己所需要的食物的能力。体会：爸爸妈妈希望我学有所成，也是希望我能够靠自己的本领养活自己。（4分）

（4）作者长大后逐渐明白了爷爷的用心良苦，表达了对爷爷的感恩和思念之情。（4分）

3. 略

【预测演练二】

1.（1）本文主要讲述了"我"小时候打猪草会悄悄往草筐里塞一本书，跑到河边读书的故事。（3分）

（2）这句话用了比喻的修辞手法，把学校的班主任比作伏兵，把家里的父亲比作追兵，把自己跑到河边看书比作游击战，生动形象地写出了童年时期读书环境的简陋。（3分）

（3）①对故乡的眷恋；②对童年的怀念；③对读书的热爱。（3分）

2.（1）②"我"软磨硬泡向同学借书，在处处受限的读书环境里三天读完，如期归还。（2分）

③"我"为了向父亲的朋友借书跑去帮人家干活，被不知情的父亲捉回家狠狠训斥。（2分）

（2）这句话用了比喻的修辞手法，把读书比作播种，肯定读书给人带来的长久乃至永恒的快乐，点明读书意义深刻。（3分）

（3）文中刻画了一个疯狂迷恋读书的主人公形象，"我"为了读书可以克服各种困难，追求读书的自由，坚定读书的信念，保持阅读的习惯，并从中获得快乐和幸福。（4分）

（4）例：课外阅读开阔了我的视野，增长了我的见识，让我的精神世界变得多姿多彩。（4分）

3.略

【预测演练三】

1.（1）因为故乡的芦苇给我不少童年的欢乐，想起它就沉浸在童年美好的回忆中；故乡的芦苇还能让我悟到人生的启示。（3分）

（2）拟人。（2分）

（3）故乡的芦苇。（2分）

（4）文中讲述了"我做芦笛时一不小心手指头就被拉开一个长长的口子"可以看出任何事物的美丽外表下都隐藏着危险，所以们在看待事物时不要只看事物的表面，更多时候我们被这表面现象所蒙蔽，酿成大错。我们应该做的，就是努力让自己看清真相，不

被假象蒙蔽。（3分）

2.（1）对故乡的思念和对童年生活的向往（2分）

（2）【A】 示例：作者每看到柳树就会想起故乡，可知故乡的柳树已经在作者心中留下了不可磨灭的种子，表达了作者对故乡深深的眷恋。（3分）

【B】 示例："柳树突然被伐了"短短几个字就交代了故乡的变化，故乡已经不再是自己心中那个故乡，自己也再也回不到过去了。（3分）

（3）示例：这涉及农村开发与保护的矛盾，我们要充分重视文化遗产的保护，不能只顾眼前利益，而毁掉青山绿水，留下永久的遗憾。（4分）

3.略

【预测演练四】

1.（1）目的是强调读书的重要性，引出论题。其好处是激发阅读兴趣，引人深思。（4分）

（2）此题为开放题。写出书名得2分，谈出益处得4分。

2.（1）收藏是第一要义，而阅读则是第二要义；藏书人有一种对书执着的爱；藏书，是为了满足自己需要，有时候也会惠及朋友。（4分）

（2）示例："一个藏书人之所以想买某部书，最好也是最明显的理由便是：他觉得买了会比没买开心。"真正的藏书人是喜欢读书的人，这些人大多数也是在物质上无所奢求的人，都能够平心静气地置身于书房，时常过着一个人的"读书节"，"贫者因书而富，富者因书而贵"，在书房这个飘满书香的密林和幽谷里，才能体会到藏书的乐趣。（4分）

3.略

一 试卷上的作家 一

初中生美文读本

序　号	作　者	作　品
1	安　宁	一只蚂蚁爬过春天
2	安武林	安徒生的孤独
3	曹　旭	有温度的生活
4	林　夕	从身边最近的地方寻找快乐
5	简　默	指尖花田
6	乔　叶	鲜花课
7	吴　然	白水台看云
8	叶倾城	用三十年等我自己长大
9	张国龙	一里路需要走多久
10	张丽钧	心壤之上，万亩花开

高中生美文读本

序　号	作　者	作　品
1	韩小蕙	目标始终如一
2	林　彦	星星还在北方
3	刘庆邦	端　灯
4	刘心武	起点之美
5	梅　洁	楼兰的忧郁
6	裘山山	相亲相爱的水
7	王兆胜	阳光心房
8	辛　茜	鸟儿细语
9	杨海蒂	杂花生树
10	尹传红	由雪引发的科学实验
11	朱　鸿	高考作文的命题与散文写作